Sabine Göbel

Engelenergetik

... das heilende Licht der Engelwelt

Bibliografische Information der Deutschen Nationalbibliothek:
Die Deutsche Nationalbibliothek verzeichnet diese Publikation in
der Deutschen Nationalbibliografie; detaillierte bibliografische
Daten sind im Internet über www.dnb.de abrufbar.

Haftungsausschluss

Dieses Buch dient einzig der Information über spirituelle, geistige und energetische Heilmethoden. Die in diesem Buch beschriebenen Methoden und Empfehlungen ersetzen keinesfalls die professionelle medizinische oder therapeutische Behandlung. Die Anwendung der empfohlenen Übungen, Methoden oder Meditationen wie auch der Gebete unterliegen der eigenen Verantwortung im Rahmen der Gesundheitsvorsorge. Weder die Autorin, Herausgeber noch die Vertriebspartner haften für die beschriebenen Verfahren und Anwendungen. Der Haftungsausschluss bezieht sich ausdrücklich auch auf die Empfehlungen der im Buch erwähnten Autoren und Heiler.

Impressum

© 2013 Sabine Göbel   www.sabine-goebel.de
Herstellung und Verlag: BoD - Books on Demand
ISBN 978-3-7322-4623-6
Umschlaggestaltung & Illustration: Tom Groß www.allgraphics.eu
Foto: Sven Görlich, www.svengoerlich.com
Lektorat: Christina und Rudolf Pasch

Inhalt

Teil 1: Grundlegende Informationen zur Energiearbeit mit Engeln

Einführung 7

1. Heilung versus kurieren, auf die Schwingung kommt es an! 11

2. Die Lichtarbeit mit Engeln und deren morphische Energiefelder 15

3. Spirituelle Herzchakraöffnung mit Erzengel Chamuel 21

4. Den Lichtkörper entfalten, der Weg zur energetischen Verjüngung 27

5. Die Integration der Lichtkraft von Heilsteinen und Kristallen in den energetischen Heilungsprozess 35

6. Erhöhung der eigenen Energiefrequenz durch Engelmeditationen 43

7. Emotionale Balance, Stressabbau und Burn-out-Prävention im Alltag durch Engelenergetik 49

Teil 2: Die Erzengel, spirituelle Wegbegleiter und Heilungs-Assistenten

8. Heilende Herzchakraöffnung mit
   Erzengel Raphael   59

9. Bewusstseinserhöhung durch die
   Kommunikation mit Engeln - Hellfühlen,
   Hellhören, Hellwissen und Hellsehen   67

10. Die Erzengel, ihre Schwingung, Farben
    und die heilenden Kristalle   81

11. Aromatherapie, Räuchermischungen,
    Bachblüten und Engelenergie   95

12. Heilende Räume kreieren;
    energetische Hausentstörung mit
    Engeln, Blütenessenzen und Kristallen   111

Schlussgedanken   123

Literaturempfehlungen   129

Über die Autorin   131

Teil 1: Grundlegende Informationen zur Energiearbeit mit Engeln

Einführung

Liebe Leserin, lieber Leser,

ich möchte Sie einladen, mich erneut ein Stück des Weges, nennen wir ihn den „Engelweg", zu begleiten.

Es liegt mir am Herzen, Ihnen weitere Impulse aus der Lichtwelt der Erzengel zu übermitteln.

Dieses Buch darf durchaus als die weiterführende Lektüre zu meinem ersten Buch über die Engel „Die Engelwelt ist nicht verschlossen" verstanden werden.

Wenn Sie sich bereits mit unseren feinstofflichen Begleitern aus der Lichtwelt befasst haben, ist es nach meiner Wahrnehmung jedoch nicht zwingend erforderlich, den ersten Band vorab gelesen zu haben. Ziel dieses Buches ist es, den Blick, genauer formuliert unsere ganzheitliche Wahrnehmung, für die Schwingungsfrequenz der Erzengel zu öffnen. Um seiner Anforderung als Ratgeber für die Energie- und Lichtarbeit mit Engeln gerecht zu werden, finden Sie die Aufgliederung in zwei praxisorientierte Teile vor.

Mit diesem Band möchte ich des Weiteren an mein Buch über Geistiges Heilen „Die spirituelle Dimension der Heilung" anknüpfen.

In meinem Alltag als Heilerin und Medium verbinden sich die spirituelle Heilarbeit und die Engelenergetik stets in lichtvoller Allianz. Was läge dann konsequenter Weise näher, als diese Bereiche nicht voneinander getrennt zu beachten. Einen weiteren, faszinierenden Bereich in der Licht- und Energiearbeit finden wir in der Welt der Heilsteine und Kristalle.

Deren Lichtkraft „schreit" förmlich nach Integration in eine zeitgemäße, spirituelle Heilarbeit.

Wir leben einerseits in einer hektischen, von Finanz- und Wirtschaftskrisen geschüttelten, weltpolitisch turbulenten Zeit, andererseits in einer spirituellen Zeit des lichtvollen Aufbruchs in eine kollektive Bewusstseinserhöhung.

Lassen Sie uns diese besondere Zeitqualität nutzen, um den hauchzarten Schleier zwischen uns und den Heilgeheimnissen der Engelwelt zu lüften!

An dieser Stelle möchte ich ein großes Dankeschön an meine treuen Leser der Engel-Artikel, die ich für das Lichtarbeitermagazin „Der Lichtfokus" geschrieben habe, aussprechen!

Vielen Dank für die jahrelange Treue und die berührenden Rückmeldungen und Erlebnisberichte über das Zusammenwirken von Engel und Mensch!

Danke auch im Namen der Lichtwesen, die darauf drängen, unser aller Abenteuer, das Leben, zu begleiten!

Ich wünsche Ihnen Freude und lichtvolle Erlebnisse beim Studium der folgenden Lektüre...

Ihre Sabine Göbel im Sommer 2013

1. Heilung versus kurieren, auf die Schwingung kommt es an!

Bevor wir uns mit den Wirkungsbereichen der einzelnen Erzengel detailliert auseinandersetzen, möchte ich einige grundlegende Betrachtungen zur spirituellen Heilarbeit anstellen.

Für die energetische Heilarbeit mit Engeln gilt es grundsätzlich, den gleichen ethischen Anforderungen gerecht zu werden wie in den anderen Fachbereichen des Geistigen Heilens. Das heißt, in erster Linie die Grenzen anzuerkennen und spirituelle Heilmethoden niemals als Ersatz für die ärztliche oder therapeutische Behandlung bzw. Begleitung zu wählen.

Alle Methoden des Geistigen Heilens sollten sich als Ergänzung der schulmedizinischen Behandlung verstehen.

Die Heilarbeit mit Engelenergien basiert wie andere energetische Heilmethoden auch auf einem ganzheitlichen Verständnis um die Einheit von Körper, Geist und Seele.

Daraus resultiert eine andere, ebenfalls ganzheitliche Vorgehensweise im Umgang mit dem Beschwerdebild des Klienten. Die Absicht, einzelne Symptome kurieren zu wollen, wird in der spirituellen Betrachtungsweise relativiert.

Ziel einer ganzheitlichen energetischen Behandlung ist es, den Königsweg der Heilung zu finden. Das heißt, wir sollten nicht in die Rolle des Mediziners schlüpfen und einzelne Symptome aufgreifen, sondern unseren Fokus auf die dahinterliegenden Botschaften des Körpers und der Seele lenken.

Alle gesundheitlichen Störungen und Blockaden sind letztendlich als die Auswirkung einer unverarbeiteten, emotionalen oder mentalen Belastung zu verstehen.

Wenn wir unsere Aufmerksamkeit ausschließlich den Symptomen widmen und diese kurieren wollen, entspricht das vergleichsweise einer Betrachtung der Spitze des Eisberges. Auslösende Aspekte körperlicher Beeinträchtigung finden wir in dem vom Alltagsstress verschütteten Informationsspeicher des Höheren Selbst der Betroffenen.

Neben unserem mentalen, zentralen Hauptinformationsspeicher, unserem Gehirn, verfügen wir auch über das Zellbewusstsein unseres Körpergedächtnisses.

Starke emotionale Erlebnisse bzw. Überforderungen wie Traumata oder Reizüberflutungen in Stresssituationen werden auch in diesem Zellgedächtnis einzelner Körperregionen abgespeichert, besonders häufig in den energetischen Schaltzentralen, unseren Chakren.

Der logische Umkehrschluss dieses Wirkungsprinzips kann uns wieder aus diesem energetischen Datenstau, nennen wir es Blockade, befreien.

Wenn wir bereit sind anzuerkennen, dass Informationen uns negativ beeinträchtigen können, liegt es nahe, dass neue energetische Informations- und Schwingungsimpulse uns positiv beeinflussen und unsere Gesundheit stärken können.

Leider funktioniert dieses Wirkungsprinzip nicht 1:1 durch einfaches Überschreiben alter traumatisch besetzter Dateien, da wären wir wieder bei dem Ansatz des Kurierens - nein, wir streben nach spirituellem Heilen!

Das heißt, wir gehen ein Stück weiter und beugen einer möglichen Informationsüberflutung oder Überlastung vor und löschen zuerst mit Hilfe geistiger Heilmethoden den überfüllten, blockierten Informationsspeicher.

Erst dann, wenn alle Altlasten aus der Tiefe geborgen werden, kann die emotionale Gesundung beginnen.

Jedes noch so kleine Quäntchen destruktiver Gedanken und Gefühle muss überwunden bzw. transformiert werden. Gelungene Heilarbeit ist immer ein Weg der Aufarbeitung, der Vergebung und der Liebe!

Die Heilung kann erst dann dauerhaft erfolgen, wenn wir unser Bewusstseinsniveau auf eine höhere Lichtschwingung, nennen wir es die kosmische Liebesschwingung, anheben.

Radikale Vergebung und Selbstvergebungsprozesse sind nicht nur der Schlüssel zu wiedergewonnener mentaler

Freiheit, sondern auch zu unseren grenzenlosen Selbstheilungskräften.

Öffnen wir unsere Herzen, die Informationsspeicher unserer göttlichen Matrix, der absoluten und gesunden Urinformation der göttlichen Quelle!

Lassen wir uns ein auf den spirituellen Weg der ganzheitlichen Heilung, unsere Selbstheilungskräfte warten auf uns, die Zeit der Kompromisse, des Kurierens darf nun hinter uns liegen.

Besser noch, lernen wir auf uns zu achten, schenken wir uns Raum und Zeit für die Aufarbeitung und Verarbeitung unserer alltäglichen Belastungen und setzen positive Informationsimpulse bereits prophylaktisch ein.

> *„Die Naturkräfte in uns sind die wahren Heiler unserer Krankheiten".*
>
> Hippokrates

2. Die Lichtarbeit mit Engeln und deren morphische Energiefelder

Die zeitgemäße spirituelle Heilarbeit darf sich im wahrsten Sinne des Wortes als Lichtarbeit verstehen.

Dank der weitreichenden Forschungsergebnisse in der Quantenphysik zeichnet sich heute das als belegbar ab, was ganze Generationen von Geistigen Heilern bereits praktiziert haben.

Unter Einsatz von energetischen Heilungstechniken, wie zum Beispiel dem Handauflegen, ist es möglich, den Behandlungsempfänger mit kosmischer Heilenergie aus dem Pranastrom zu versorgen. Dank einer Energieübertragung wird der natürliche Aufnahmeprozess der universellen Lebensenergie, auch als „Chi" in der Traditionellen Chinesischen Medizin bekannt, aktiviert bzw. erhöht. Dieser Vorgang kann als eine energetische Initialzündung verstanden werden, die einem Leuchtfeuer gleich die Lichtaktivität in den Zellen des gesamten Organismus deutlich erhöht.

Doch welche Rolle spielen die Engel und Erzengel in diesen heilenden Lichtprozessen? Unsere göttlichen Heilungs-Assistenten, die Engel, sind nach meinem Empfinden und aus der langjährigen Praxiserfahrung heraus betrachtet sozusagen die „Lichtverstärker".

Nicht umsonst bezeichnen wir sie ja auch als Lichtwesen.

Es ist schließlich das erklärte Ziel einer energetischen Behandlung, die erhöhte Pranaaufnahme dem gesamten Organismus zur Verfügung zu stellen. Denn genau dieses gesteigerte Lichtvolumen in den Zellen öffnet für uns ein neues, hochschwingendes Energiefeld, dem es gelingen kann, neue Ordnungsstrukturen in unserem Körper zu errichten. Mit Hilfe der so im Organismus aktivierten Lichtimpulse kann der Körper auch seine Selbstheilungskräfte freisetzen und gesundheitliche Blockaden überwinden.

Doch wir müssen nicht abwarten bis Erkrankungen auftauchen, um spirituelles Heilen mit der Unterstützung von Engel-Energien zu praktizieren.

Diese Form des Geistigen Heilens ist wie viele andere Methoden aus diesen ganzheitlich wirkenden Konzepten auch zur Selbstbehandlung geeignet. Als besonders sinnvoll erweisen sich diese energetischen Behandlungsansätze im Bereich der Prävention und der Zellverjüngung.

Die Heilkraft der Erzengel kann uns, wenn wir diese Hilfe in unser Leben einladen, über das Wirkungsphänomen ihrer morphischen Felder erreichen.

Sabine Göbel

Engelenergetik
... das heilende Licht der Engelwelt

MIX
Papier aus verantwortungsvollen Quellen
Paper from responsible sources
FSC® C105338

Wie morphische Felder aufgebaut sind und funktionieren, können Sie beim Pionier ihrer Erforschung, Rupert Sheldrake in seinem Werk „Das schöpferische Universum" nachlesen. Natürlich sind Engel mehr als diese Informationsfelder, sie sind die Vermittler zwischen uns und der göttlichen Quelle, eben dieser alles überstrahlenden Schöpfungsenergie. Physiker würden sie vielleicht als Nullpunkt-Energie verstehen wollen, die den Bauplan allen Lebens in seiner ursprünglichen gesunden Urinformation für uns bereithält.

In diese göttliche Energiequelle, das Feld der absoluten Neutralität, tauchen wir ein, wenn wir mit der Quantenheilung arbeiten, wie zum Beispiel mit der 2-Punktmethode von Frank Kinslow. Näheres zu diesem Heilungsansatz können Sie bei Frank Kinslow in „Quantenheilung" nachlesen. Die Schwierigkeit, mit dieser oder anderen Quantenheilungsmethoden im Rahmen einer Selbstanwendung dauerhafte Heilungserfolge zu erzielen, liegt darin, sich selbst in die nötige Neutralität zu versetzen.

Das heißt nach meinen Beobachtungen, dass bei den Betroffenen, die es nicht geschafft haben, innere Muster zu transformieren, die alten Symptome oder neue irgendwann wieder auftreten.

Denken wir an unsere vorherigen Betrachtungen, Heilung versus kurieren – so sind wir hier leider, wenn auch auf alternativem Weg, wieder in der Sackgasse des vorübergehenden Kurierens angekommen. Diese Herangehensweise macht nur dann Sinn, wenn es den Betroffenen klar ist, diese gewonnene, beschwerdefreie Zeit als geschützten Raum für den eigentlichen Aufarbeitungs- bzw. Heilungsprozess zu verwenden.

Nun kommen wieder unsere Engel in das Spiel des Lebens; wenn wir bereit sind, uns für deren feinstoffliche Energien und Informationsfelder zu öffnen, sind wir geführt und geschützt unterwegs auf einem nachhaltigen Weg der Heilung. Engel, insbesondere Erzengel, tragen uns durch wichtige, einschneidende Transformationsprozesse, steuern die nötigen Informations- und Schwingungsimpulse bei, holen jeden von uns genau an dem Punkt ab, wo wir in unserer spirituellen Entwicklung gerade stehen.

Gerade auf diesen Steigerungseffekt für unsere Bewusstseinsentwicklung sind wir angewiesen, wenn wir uns radikal, bedingungslos auf die Suche nach unserer Authentizität und unserer Lebensaufgabe begeben.

Die Engelwelt ist voller Heilungsassistenten, die nur darauf warten, dass wir erkennen, dass wahre Heilung erst dann erfolgt, wenn wir bei uns selbst ankommen und erkennen, dass jeder von uns ein angeborenes Lebensrecht auf Selbstverwirklichung und seine eigene liebenswerte Identität hat.

Wie wir die Engel in unseren Alltag integrieren können, werden wir uns in den folgenden Kapiteln gemeinsam erarbeiten!

„Wer Vertrauen hat, erlebt jeden Tag Wunder".

Peter Rossegger (1843-1918) Öst. Schriftsteller

3. Spirituelle Herzchakraöffnung mit Erzengel Chamuel

Wenn wir uns auf den Weg der Heilung und der Kommunikation mit Engeln begeben wollen, sollten wir diese Entscheidung nicht halbherzig treffen.

Die Engelenergetik kann uns nur dann vollends erreichen und unsere Schwingungsfrequenz anheben, wenn wir uns mit offenem Herzen und ganzer Seele einbringen.

Das heißt, der erste Schritt sollte darauf ausgerichtet sein, jegliche Wahrnehmung bewusst durch unser Herzchakra fließen zu lassen. Wie heißt es doch so schön und treffend bei Antoine de Saint-Exupéry im Kleinen Prinzen: „Das Wesentliche ist für unsere Augen unsichtbar, man sieht nur mit dem Herzen wirklich gut!"

Wenn wir Engel und deren Energiefelder wahrnehmen oder gar sehen wollen, sind wir auf die „emotionale Sehkraft" unserer Herzen angewiesen! Doch wie sieht man mit dem Herzen?

Wie alle unsere Chakren ist das Herzchakra ein Licht- und Energiefeld bzw. Energiewirbel des feinstofflichen Körpers. Dank seiner Existenz werden unser Herz-Kreislaufsystem und die Lunge mit energetischer Lebenskraft (Prana) versorgt.

Das Herzchakra ist aber auch der spirituelle Mittelpunkt unseres Menschseins, sozusagen unser energetisches „Herzstück", das unsere Verbindung zur göttlichen Quelle aufrechterhält.

Es behütet in seiner spirituellen Herzkammer, einige Autoren nennen sie gar die „fünfte Herzkammer", unseren göttlichen Lichtfunken. Dieser versetzt uns in die Lage, den Kontakt mit der göttlichen Matrix zu pflegen. Durch seine Position in der Mitte der Chakrenkette steht das Herzchakra auch im Mittelpunkt dieser energetischen Verbindungsachse. Das heißt, wir können uns, wenn wir dieses Chakra bewusst wahrnehmen und uns für seine Botschaften öffnen, sowohl mit den „himmlischen Aspekten" als auch mit Mutter Erde verbinden. Diese Funktion, ähnlich einer Schaltzentrale, entsteht durch den Informationsfluss innerhalb der Chakren, in diesem Fall mit Hilfe des Kronenchakras für die göttliche kosmische Informationsaufnahme und die erdenden Aspekte, vermittelt durch das Wurzelchakra.

Wenn wir also bewusst um die energetische Öffnung des Herzchakras bitten, erhöhen wir unsere spirituelle Wahrnehmung um ein Vielfaches. Denn es ist eben diese emotionale Energie, die uns darüber hinaus authentisch sein lässt. Der bereits angesprochene geistige, göttliche Lichtfunken, der uns mit der gesamten Schöpfung verbindet, ist sozusagen der in uns verankerte Grundstein zu einer höheren Bewusstseinsentwicklung. Die wahre spirituelle bzw. geistige Bewusstseinskultur entfaltet sich, wenn wir bereit sind, unser eigenes Bewusstsein vom Homo sapiens bis hin zum „Homo spiritualis" zu transformieren.

Das heißt, unser persönliches Wahrnehmungsfeld auszudehnen, um es mit dem Feld des universellen, kosmischen Bewusstseins zu verbinden.

In der Quantenphysik würden wir diese universellen, kosmischen Felder als Nullpunktfeld verstehen, den Ausgangspunkt für gelungene Quantenheilung. Um diesen Weg erfolgreich beschreiten zu können, sollten wir die Hilfestellung vom Engel der Herzen, Erzengel Chamuel, in Anspruch nehmen. Mit Hilfe der Engelenergie fällt es leichter, die innere Bereitschaft zur emotionalen Öffnung in die Tat umzusetzen. Eine weitere Voraussetzung für eine gelungene spirituelle Herzöffnung ist die Bereitschaft, sich mit den eigenen emotionalen „Herzwunden" auseinanderzusetzen, um sie zu transformieren.

Diese energetischen Verletzungsspuren kennen wir alle, keiner von uns könnte behaupten, niemals unter Trauer, Zurückweisungen oder dem Gefühl des Unverstandenseins gelitten zu haben. Ganz zu schweigen von traumatischen Erfahrungen in Folge von Missbrauch oder körperlicher Misshandlung.

Besonders nachhaltige Narben hinterlassen emotionale Verletzungen, die bereits in der Kindheit erlitten wurden. Diese gilt es wahrzunehmen, ihnen Achtsamkeit zu schenken, indem Sie sich liebevoll dem Persönlichkeitsanteil des Inneren Kindes zuwenden. Im Anhang des Buches möchte ich Ihnen zu diesem bedeutsamen Themenfeld das Buch „Versöhnung mit dem Inneren Kind" von Thich Nhat Hanh empfehlen.

Bringen Sie mit eigenen, frei aus der Seele formulierten Worten, Ihre Anliegen für Ihren persönlichen Bewusstseinsprozess zum Ausdruck! Bitten Sie Erzengel Chamuel um die energetische Führung und Begleitung auf Ihrem persönlichen spirituellen Weg zur Herzchakra-Öffnung und Heilung! Lernen Sie das Vertrauen in Ihre Selbstheilungskräfte zu stärken und neu zu entwickeln.

In einem der anschließenden Kapitel werden wir uns mit dem einsetzenden Aufarbeitungs- und energetischen Heilungsprozess auseinandersetzen.

Ich wünsche Ihnen den Segen von Erzengel Chamuel für Ihren persönlichen Herzensweg! Nachfolgend noch eine von mir spirituell aus der geistigen Welt empfangene Erzengel Chamuel Anrufung. Wenn Sie dieses Lichtgebet anwenden möchten, empfehle ich – einer alten spirituellen Tradition folgend - die dreimalige Wiederholung des Textes!

Erzengel Chamuel Anrufung zur Herzchakra-Öffnung:

Im Namen des Vaters

bitten wir dich, Erzengel Chamuel,
Engel der Herzen und der Liebe,

*öffne unsere Herzen für die heilende
Lichtkraft der göttlichen Quelle!*

*Schenke uns die Kraft, emotionale und
mentale Verletzungen zu transformieren.*

*Umhülle und heile die Verletzlichkeit unseres
Inneren Kindes mit deinem heilenden Lichtstrom!*

*Schenke uns die Kraft, denen zu
vergeben, die uns auf unserem Lebensweg beeinträchtigt und verletzt haben!*

*Beschenke uns mit der Vergebung für
jene, die wir aus unserer menschlichen
Fehlbarkeit heraus verletzt haben!*

*Schenke uns die Kraft, der bedingungslosen
göttlichen Liebe in Achtsamkeit zu begegnen.*

*Erhöhe die Schwingungsfrequenz unserer Herzen,
bewahre unsere emotionale Kraft und Zuversicht!*

Segne unsere Wege und unsere Lebensfreude mit Deinem Licht.

*Im Namen des Vaters, des Sohnes
und des Heiligen Geistes!*

Danke!

„Die eigentliche Heilung geschieht, sobald das Herz sich öffnet und das zuvor verdrängte, abgelehnte oder verstoßene Gefühl aufnimmt".

Safi Nidiaye

4. Den Lichtkörper entfalten, der Weg zur energetischen Verjüngung

Viele Bücher wurden rund um das Thema Lichtkörperprozess geschrieben und unzählige Techniken vermittelt. Jeder von uns sollte auf sein Herz hören und den individuellen, authentischen Weg zu seiner Lichtkörperentfaltung finden. Eines verbindet jedoch alle Theorien, es geht um die Schritte vom scheinbar dichten zum lichten Körper.

Mit unserem Eintritt in einen physischen, der Materie unterworfenen Körper haben wir uns ein Stück weit aus unserer Lichtexistenz herausgewagt. Nennen wir es Inkarnation. Doch unsere wahre, vollkommene Identität, unsere wahren Fähigkeiten und die Vollkommenheit unserer Seele, bleibt ein Stück weit im sicheren Schutz unseres Lichtkörpers.

Die Idee des heute so populären und scheinbar neuen Lichtkörperprozesses ist allerdings keine ganz neue Erfindung des New Age. Auch wenn die Zeichen jetzt besonders günstig stehen, sich energetisch zu entfalten...

In allen großen Mysterienschulen finden sich Überlieferungen der Einweihungswege Liebe und Erkenntnis. Ziel der spirituellen Reise jedes Mystikers war und ist es auch heute noch, die Unio-Mystica, die Verschmelzung mit der göttlichen Licht- und Liebesenergie zu erlangen. Heute würden wir es schlicht Erleuchtung nennen.

Wichtiger jedoch als dieses hochgesteckte Ziel erscheint mir die Möglichkeit, im Rahmen der Transformation die Begegnung mit den Schätzen unserer Seele und die Chance, weltliche Verstrickungen aufzudecken und zu lösen. Diesen Transformationsprozess müssen wir nicht alleine leisten. Es bedarf keiner geheimen Formeln oder Techniken! Wenn wir uns öffnen, stehen uns sowohl Engel wie auch Erzengel liebend zur Seite. Bitten Sie Ihren Schutzengel und den von Ihnen ausgewählten Erzengel um Unterstützung bei der Entfaltung Ihrer feinstofflichen Ebene des Seins, dem Lichtkörper.

Jede energetische Schicht, die uns umgibt, ist nicht nur ein Teil unseres „spirituellen Körpers", sondern auch ein Tor, durch das wir uns mit kosmischen Energien verbinden können.

Das heißt, wir sind in der Lage, durch diese feinstofflichen „Körperhüllen" verjüngende Prana-Energie aufzunehmen und uns mit der göttlichen Matrix zu verbinden. Darüber hinaus sind wir befähigt, unsere Wahrnehmungsebenen zu sensibilisieren und dank geschulter Antennen Informationen direkt aus den kosmischen, morphischen Informationsfeldern zu empfangen. Gerade in Verbindung mit der Engel-Energie können wir diese einzelnen Ebenen bewusst wahrnehmen und trainieren.

Nachfolgend noch kurz die „spirituellen Körper", die in der Energiearbeit mit Engeln Reinigung und Heilung erfahren:

Der physische Körper

Er ist verbunden mit dem „Existieren" an sich. Die Körpersysteme werden im Gleichgewicht gehalten, hier manifestieren wir unsere körperliche Gesundheit.

Besonders geeignete Heilungs-Assistenten:

Der eigene Schutzengel und Erzengel Raphael.

Ätherischer Körper

Diese Schicht verbindet uns mit dem „Sein". Hier wird der Energiefluss geregelt und die Harmonie von Yin und Yang erhalten. Der ätherische Körper entspricht dem oft als feinstofflich bezeichneten Körper - für Aurasichtige meist der erste Körper, der wahrgenommen wird. Er wird auch als Blaupause bezeichnet, da in seinem energetischen Informationsfeld der ursprüngliche gesunde göttliche Bauplan des Körpers aufrechterhalten bleibt. Jeder Körperteil bleibt dort erhalten, das gilt nicht nur für verlorene Gliedmaßen oder Organe, sondern auch für Zähne. Aus meiner eigenen jahrelangen Erfahrung als Heilerin möchte ich noch erwähnen, dass Autoimmunerkrankungen wie Multiple Sklerose oder Krebs sowie auch genetische Defekte in dieser Körperschicht meist nicht eingeprägt sind. Das heißt, wir finden hier mit Hilfe von energetischen Heilmethoden bzw. mit Quantenheilungstechniken den Ankerpunkt, um den Körper wieder in seinen ursprünglichen, gesunden Bauplan zurückzubegleiten. Einprägungen können auch Folgen von schwerwiegenden Verletzungen aus früheren Leben widerspiegeln. Auf diese Datei sollten wir zurückgreifen, wenn Heilungsprozesse scheinbar stagnieren.

Wenn wir bereit sind, uns mit dieser Seinsebene auszutauschen und belastende Prägungen aufzuarbeiten, können wir neue, verjüngende, gesunde Zellinformationen setzen.

Besonders geeignete Heilungs-Assistenten:

Erzengel Zadkiel und Erzengel Gabriel.

Emotionaler Körper

Er verbindet uns mit dem „wahren Fühlen". Hier sind oder sollten wir authentisch sein, denn wir verfügen über das Potenzial, Blockaden zu lösen und unsere Selbstliebe zu entwickeln. Gerne wird er auch als Vitalkörper bezeichnet. Auf diese Ebene unseres Seins sollten wir besonders achten, denn alle unsere Emotionen, egal, ob positiv oder negativ, Gefühle von Liebe oder Hass, beeinflussen diese Körperhülle. Wenn negative Emotionen wie Neid oder Missgunst gepflegt werden, verdichtet sich dieses Körperfeld extrem und belastet den physischen Körper. Langfristig führt das zu körperlichen Beschwerden. Diese energetische Schicht strahlt extrem weit aus unserem Aurafeld und wird von mir auch gerne als Resonanzkörperfeld bezeichnet.

Jede Emotion, jegliche Gefühlsregung kreiert hier ihre Resonanz, also Anziehung in der Außenwelt, der Realitätsebene. Das heißt, dass wir gerade das, was wir befürchten, oder ablehnen, durch unsere Negativpolung anziehen. Im positiven Fall liegt hier aber auch der Schlüssel zu Glück, Heilung und Erfolg. Sind wir positiv, strahlen wir Liebe aus, urteilen wir nicht und nehmen alles und jeden so, wie er oder es ist, an, steigen wir hier aus dem Karmakarusell aus. Wenn wir in und aus der Liebe und dem Licht leben, ziehen wir positive Begegnungen und heilende Resonanzenergien an. Die Zauberformel könnte lauten: Lieben, was ist!

Besonders geeignete Heilungs-Assistenten:

Erzengel Chamuel und Erzengel Raphael.

Mentaler Körper

Diese energetische Schicht verbindet uns mit der Kraft des „klaren Denkens". Bewusstheit und Erkenntnis können hier erlangt werden. Wir befinden uns im Zentrum unserer Glaubensmuster und Überzeugungs- bzw. Glaubenssätze. Im mentalen Körper finden nicht nur unsere bewussten, sondern auch unsere unbewussten Denkprozesse statt. Insbesondere unsere Glaubensmuster und Begrenzungen führen hier zu regelrechten Reaktionsmustern, die uns negativ beeinträchtigen oder blockieren können. Diese Körperschicht ist auch ein energetischer Brückenkopf zwischen dem spirituellen und dem emotionalen Körper. Sie wirkt wie ein Magnet in unserem Leben. Durch die Kraft unseres Glaubens bzw. unserer Gedanken entscheiden wir über die Ereignisse, die wir in unser Leben ziehen. Schwere, dunkle Gedankenmuster wie Neid, Missgunst oder gar Hass senken das Schwingungs- und Energiemuster unseres Körpers. Infolgedessen verdichtet sich auch das energetische Niveau unseres physischen Körpers. So entsteht ein reduziertes Schwingungsniveau, das langfristig dazu führen kann, unsere Selbstheilungskräfte zu beeinträchtigen. Zu den schweren, negativen Gedankenströmen gehören auch Selbstzweifel, Zukunftsängste und jegliches Gefühl des Unverstandenseins. Nehmen Sie sich Zeit für eine Art innere Inventur, sozusagen einen „mentalen Kassensturz". Tauchen Sie ein in die Kraft eines befreiten Herzens, lassen Sie positive Gedanken und Affirmationen über Ihre Zukunft entscheiden!

Besonders geeignete Heilungs-Assistenten:

Erzengel Michael und Erzengel Uriel.

Spiritueller Körper

Diese Körperebene verbindet uns mit der göttlichen Liebe. Wir verfügen in dieser Körperhülle über unsere höchste Schwingungsfrequenz, hier können wir unsere wahre göttliche Essenz erkennen und leben. Dank unseres „himmlischen Körpers", so könnten wir ihn auch bezeichnen, sind wir in der Lage, unser Ego zu kultivieren und die Dualität zu überwinden. Hier finden wir den Zugang zu unserem wahren Sein, dem reinen befreiten Bewusstsein, der ursprünglichen Essenz. Wir können erkennen, was wir wirklich fühlen und wünschen!

Das Erkennen unseres Verbundenseins mit Allem was ist, wird zum Schlüssel der Erleuchtung. Spirituelle Meister, erleuchtete Persönlichkeiten können wir daran erkennen, dass diese Körperhülle besonders weit ausgedehnt ist und eine wohltuende Strahlkraft verbreitet. Dieses energetische Schwingungsfeld kann sich sehr viele Meter, bis zu einigen Kilometern über den physischen Körper hinaus ausdehnen. Besonders gut können Sie dieses Phänomen nachvollziehen und verstehen, wenn Sie einem qualifizierten Geistigen Heiler oder einer Heilerin begegnen. Sie können dann fühlen, wie Ihre eigenen Körperschichten mit der hohen Schwingung in Resonanz gehen und positiv reagieren.

Dieses Phänomen der Schwingungserhöhung kann auch über Worte, sogar über das Telefon weitergereicht werden. Auch die pure Anwesenheit eines Heilers im Raum, die ohne Worte auskommt und sich lediglich eines liebenden, segnenden Blickes bedient, funktioniert. Bekanntestes aktuelles Beispiel ist hier der Heiler Braco.

Besonders geeignete Heilungs-Assistenten:

Erzengel Zadkiel, Erzengel Gabriel, Mutter Maria und Jesus.

> *„Du bist so jung wie deine Zuversicht,*
>
> *so alt wie deine Zweifel,*
>
> *so jung wie deine Hoffnungen,*
>
> *so alt wie deine Verzagtheit".*

Albert Schweizer

5. Die Integration der Lichtkraft von Heilsteinen und Kristallen in den energetischen Heilungsprozess

Das Wissen um die Heilkraft von Kristallen, Mineralien, Edelsteinen und Halbedelsteinen gehört mit zu dem ältesten kollektiven Erbe der Menschheit. Sowohl im alten Ägypten wie auch in der ayurvedischen Medizin stoßen wir auf sachkundige Überlieferungen über die heilende Schwingung der Kristalle und Steinwelten. Zum Teil werden in der ayurvedischen wie auch in der tibetischen Medizin auch heute noch vermahlene Quarze, Halbedelsteine und Kristalle pulverisiert und zu Pasten oder Salben weiterverarbeitet.

Mindestens genauso alt sind die unzähligen Traditionen und Überlieferungen über das Wirken von Schutzsteinen. Dereinst galten sie als schützender Garant vor dem vermeintlichen bösen Blick, dem Zauber von Hexen und Magiern und der Abwehr von Dämonen und Geistern.

Egal, ob bei den Schamanen dieser Welt oder den Druiden der Kelten, die funkelnden Schönheiten zogen alle in ihren Bann.

Dieser Faszination, der Bündelung von Farbe, Licht, Schönheit und Strahlkraft erliegen wir bis heute. Die Kristalle und Heilsteine werden ihrem Ruhm vollends gerecht, sie sind Boten des Lichts, der Heilung und die Hüter von Mutter Erde.

Sie tragen die Urkraft unseres Planeten bis in die heutige, von Umweltverschmutzung und Zerstörung belastete Gegenwart. Heilsteine sind sowohl Informationsspeicher als auch Energieverstärker, sie bewahren in sich die perfekte Licht- und Ordnungs-Struktur des Universums.

Natürlich können Steine und Kristalle keine medizinische Behandlung ersetzen, sie sollten dennoch einen bereichernden Platz in unserem Leben finden. Die wohl älteste und bedeutendste Grundlagenforschung über die Wirkungsphänomene der Edelsteine in unserem Kulturraum verdanken wir der Hl. Hildegard von Bingen. Neben ihrem unglaublichen Wissen um die Heilkraft von Pflanzen, Kräutern und Nahrungsmitteln setzte sie auf die ergänzende therapeutische Heilsteinbegleitung. Einen besonders exponierten Stellenwert erlangte bei ihr der Amethyst. Nach Hildegard von Bingens Auffassung ist er der Stein der Gottesverbindung. Sie war fest davon überzeugt, dass sich in ihm der Geist der göttlichen Trinität manifestiert. Auch die alten Griechen setzten auf diesen Stein, um sich vor Trunkenheit, Vergiftung oder dem bösen Blick zu schützen.

Eine mögliche Erklärung für die Wirksamkeit der Edelstein-Therapie beruht auf der Erkenntnis, dass im Stein wie im Menschen Schwingungen vorherrschen, die miteinander in Resonanz stehen.

Letztendlich geht es in jedem menschlichen Heilungsprozess darum, die aus dem Takt geratene ursprüngliche Ordnung wiederherzustellen. Neben dem Aspekt der ordnenden Schwingung als Taktgeber wirken sie auch über ihre Farben. Zudem bereichern sie ihre Wirkung über den mineralischen Aspekt, beispielsweise dem leichten Abrieb von Kieselerde oder anderen Substanzen und natürlichen Sulfaten.

In der klassischen Heilsteinberatung finden wir die Zuordnung der Steine nach körperlichen Symptomen aufgelistet bzw. zugeordnet. Unzählige gute Ratgeber sind hier auf dem Markt und können diesem Anspruch bestens gerecht werden. Besonders wertvoll sind, wie erwähnt, die Überlieferungen der Hl. Hildegard von Bingen.

Einige Werke beziehen sich auf diesen profunden Wissensschatz und erklären auch ausführlich, wie Sie mit den Steinen arbeiten können. So können wir eintauchen in eine Welt der kleinen und großen Wunder und selbst erleben, wie beispielsweise ein Topas „zu schwitzen" beginnt, das heißt feucht wird, wenn er neben verdorbenen Speisen liegt. Er galt Eingeweihten in vergangenen Jahrhunderten als wertvoller Schutzstein vor Vergiftungen.

Nun, diese Aufgabe hat seit Erfindung des Kühlschrankes zugegebenermaßen an Bedeutung verloren, doch er unterstützt auch heute noch bei Nahrungsmittelallergien. Unentbehrlich ist er, wenn wir seine Heilwirkung energetisch begleitend in der Behandlung von Augenleiden integrieren.

Für alle Heilsteine und Kristalle gilt es, beim Kauf große Sorgfalt an den Tag zu legen. Vergewissern Sie sich, ob es sich um eine seriöse Bezugsquelle handelt. Wenn Sie mit Ihrem Stein zusammenarbeiten wollen, ist eine reine, hohe Qualität des Heilsteines unerlässlich. Gerade zu Beginn Ihrer persönlichen „Heilsteinzeit" ist eine umfassende Beratung in einem Fachgeschäft sinnvoll. Nach meiner Überzeugung sollten Sie Ihre Steinbegleiter intuitiv, aus dem Bauch heraus, auswählen. Keiner kennt Ihre persönlichen Themen so gut wie Ihr eigenes Höheres Selbst, vertrauen Sie auf die Resonanz Ihrer Seele, greifen Sie beherzt zu, wenn Sie den Eindruck haben, es hat gefunkt!

Grundsätzlich kann ich nur empfehlen, dass in keinem Haushalt die drei Klassiker unter den Schutzsteinen, Rosenquarz, Amethyst und Bergkristall, fehlen sollten. Diese Kristalle halten die feinstoffliche Energie in den Wohnräumen auf einem guten Grundniveau. Durch das Einbringen weiterer positiver, energetischer Rauminformationen, wie zum Beispiel einem Zimmerspringbrunnen oder harmonisierender Grünpflanzen, bereichern Sie Ihr Umfeld erheblich.

Um es noch einmal kurz auf den Punkt zu bringen, möchte ich die positive, kraftvolle Schwingung der Steine und Kristalle als wertvolle Unterstützung auf Ihrem Weg der Transformation und Selbstheilung hervorheben. Besonders intensiv kann Ihr Stein Sie unterstützen, wenn Sie ihn möglichst oft am Körper tragen.

Die Schönheit der Steine lässt uns die Entscheidung für heilungsfördernden Edelsteinschmuck leichtfallen, es muss nicht immer die massive Kette aus geschliffenen Steinen sein. Genauso effektiv ist der Einsatz eines einzelnen Steines, der als Schmuckanhänger getragen wird.

Wenn Sie sich in einer Phase der Neuausrichtung befinden und nach emotionaler Klarheit suchen, sollten Sie auch an das bewährte „Steinwasser" denken. Besonders geeignet für die energetische Trinkwasserinformation sind der Bergkristall, Rosenquarz und der Amethyst. Sie können entweder eine ganze Karaffe oder auch ein einzelnes Glas Wasser energetisch aufwerten, indem Sie den oder die Steine Ihrer Wahl für mindestens 30 Minuten in das Wassergefäß einlegen.

Auch die körperliche Entgiftung und die Schwingungserhöhung werden durch diese Form der Zusammenarbeit mit den Steinen Ihrer Wahl angeregt.

Im zweiten Teil des Buches betrachten wir weitere Wirkungsaspekte der Heilsteine. Sie können uns als energetische Heilungsverstärker in unserer Kommunikation mit der Engelwelt durch Ihre bloße Anwesenheit unterstützen. Welcher Engel mit welchem Stein in Resonanz steht, werden wir an späterer Stelle analysieren.

Eine grundsätzliche, unspektakuläre, einfache Möglichkeit, sich von seinen Steinfreunden Unterstützung zu holen, ohne große Vorarbeit zu leisten, liegt in der astrologisch inspirierten Auswahl der Steine entsprechend der Zuordnung zu den 12 Tierkreiszeichen. Diese Variante empfiehlt sich auch, wenn Sie eigentlich keine aktuellen Sorgen im gesundheitlichen Bereich haben und einfach nur Ihren spirituellen Weg der Bewusstseinserhöhung vertiefen möchten.

Widder (21.3-20.4)

Amethyst, Rubin, Diamant

Stier (21.4-20.5)

Smaragd, Achat, Saphir

Zwilling (21.5-21.6)

Türkis, Aquamarin, Bergkristall

Krebs (22.6-22.7)

Opal, Smaragd, Achat

Löwe (23.7.-23.8.)

Diamant, Topas, Rubin

Jungfrau (24.8.-23.9.)

Jaspis, Karneol, Achat

Waage (24.9-23.10)

Opal, Beryll, Topas

Skorpion (24.10-22.11)

Onyx, Hämatit, Karneol

Schütze (23.11-21.12)

Amethyst, Chalcedon, Topas

Steinbock (22.12-20.1)

Chalcedon, Onyx, Chrysopras

Wassermann (21.1-19.2)

Saphir, Türkis, Amethyst

Fische (20.2-20.3)

Hämatit, Chrysolith, Saphir

6. Erhöhung der eigenen Energiefrequenz durch Engelmeditationen

Dem Suchenden stehen heute dank des boomenden Entspannungs- und Selbstfindungsmarktes unzählige Meditationstechniken zur Verfügung. Viele dieser scheinbar neuen Methoden der Innenschau basieren auf dem profunden Erfahrungsschatz der zahlreichen Yoga-Strömungen und wurden für unsere westliche Gesellschaft kompatibel aufbereitet.

Doch wahre, gelungene Meditation bedarf keines großen Regelwerkes. Die Kunst des Innehaltens, die Versenkung in unser wahres, göttliches Selbst, das authentische Verweilen im Hier und Jetzt finden wir auch in unserer westlichen Tradition.

Unsere großen christlichen Mystiker wie Meister Eckehart, Theresa von Avila, der Hl. Franziskus und viele andere haben unsere kulturellen Wurzeln gemehrt und uns ein reiches spirituelles Erbe hinterlassen.

Auch die islamische Welt hat uns mit Mystikern wie dem Poeten Khalil Gibran reich beschenkt. Die stärkende Kraft der Herzensruhe, die wir in der Meditation finden können, bedarf keiner Glaubensbilder, religiöser Erweckungserlebnisse oder theologischer Dogmen.

Wir dürfen freibleiben und den Weg zu unserer inneren Weisheit selbstbestimmt wählen.

Gelungene Meditationsarbeit verhilft uns zu einem intakten Körpergefühl bzw. Körperbewusstsein. Durch die bewusste Lenkung unserer Aufmerksamkeit in bestimmte Körperregionen oder auf einzelne Organe gelingt es, die Achtsamkeit im Umgang mit unserem Körper im Alltag zu kultivieren.

Dieser bewusste, täglich gepflegte, heiße Draht zum Tempel unserer Seele darf gerade heute in unserer schnellen, getriebenen Zeit als präventive Gesundheitspflege bezeichnet werden.

In gleichem Maße erstrebenswert ist der tägliche innere Dialog mit der Seele. Die Belange unserer Seelenebene kommen im Tagesbewusstsein unserer auf Leistung konditionierten Gesellschaft meistens zu kurz.

In dem vorangegangenen Kapitel über die Entfaltung des Lichtkörpers haben wir ja bereits die Folgen der energetischen Verdichtung beleuchtet. Dieser Herabsetzung unserer Schwingung können wir präventiv begegnen, indem wir uns die Zeit nehmen, unserer Seele wieder Gehör zu schenken.

Das Schwingungsniveau unseres Körpers steigt kontinuierlich in dem Maße, wie wir die Innenschau auf unser wahres Ich kultivieren.

Wenn wir bereit sind, uns auf die Bilder und Emotionen, die während der Meditation aufsteigen, wahrhaftig einzulassen, können wir die Fußfesseln des Egos erkennen und transformieren.

Das Ego versucht, uns in den niedrig schwingenden Gefilden der vermeintlichen Realität zu halten und fürchtet nichts mehr als Kontrollverlust. Die nicht integrierten Schattenaspekte aktivieren unaufhörlich das dominante Ego mit Aspekten wie überdurchschnittlichem Ehrgeiz, Misstrauen, erhöhtem Machtstreben und überzogenen Leistungsansprüchen.

Aber auch Ängste, insbesondere Existenzängste, finden wir auf der Spielwiese des Egos. Das Ego führt, wenn es nicht kanalisiert wird, im Ernstfall auch zu starken Minderwertigkeitsgefühlen bis hin zu Identitätsstörungen, die durch übernommene Glaubensmuster ausgelöst werden.

Noch immer suggeriert uns unsere konsumorientierte Leistungsgesellschaft, dass Werte wie Glück, Lebensfreude und Lebensqualität von unseren finanziellen Verhältnissen abhängig sind.

Doch die Jagd nach materiellem, sinnentleertem Erfolg befriedigt zwar kurzfristig ein dominantes Ego, zerstört aber, wenn es nicht ausbalanciert wird, unser wahres göttliches ICH BIN.

Wahre Kreativität und Fülle kann nur in der Verbundenheit mit der All-Einheit gefunden und gelebt werden.

Statussymbole der materiellen Welt dienen dem Ego als Krücken auf Zeit, führen aber zum absoluten Fiasko, wenn sie durch materielle Um- bzw. Einbrüche verlorengehen.

Wenn wir aber im Dialog mit uns selbst stehen und für die nötige Work-Life-Balance sorgen, haben wir gute Chancen, nicht den materiellen Götzen zu dienen, sondern uns an den materiellen Privilegien der Fülle wahrhaftig und nachhaltig zu erfreuen.

Ein ausbalanciertes, bewusstes ICH BIN bleibt auch in Krisensituationen unerschütterlich, vertrauensstark und kreativ. Wenn wir aus der Liebe und der Freude leben, ohne ängstlich am Besitz zu klammern, der nur den äußeren Anschein von Sicherheit suggeriert, können wir in wahrer Freiheit und echter, nicht versiegender materieller Fülle leben.

Gerade diese großen schwingungserhöhenden Prozesse der Transformation stärken unsere Selbstheilungskräfte und durchlichten die Zellen unseres physischen Körpers.

Doch wenn wir uns auf diese innere Reise begeben, fühlen wir relativ schnell, dass zwischen der nachvollziehbaren Theorie und der Praxis große, scheinbar unüberwindliche Löcher klaffen.

Natürlich macht es Sinn, sich dann geübten spirituellen Begleitern wie erfahrenen Meditationslehrern anzuvertrauen. Aber wir werden keine Garantie erhalten, wirklich individuell erkannt und gefördert zu werden.

Ich möchte Sie einladen, sich vertrauensvoll an die Lichtwesen zu wenden, die Sie wirklich kennen und genau wissen, wann und wo Ihr Vertrauen oder Ihre Hoffnungen Sprünge bekommen haben.

Ihre ganz persönlichen Engel, Ihr Schutzengel und Ihr spiritueller Führungsengel, warten nur darauf, von Ihnen die Einladung zur Aufarbeitung zu erhalten.

Fassen Sie sich ein Herz und lassen Sie sich versuchsweise auf eine von Engeln begleitete Meditation ein. Sie werden schnell fühlen, dass sich eine wohltuende, tragende Stimmung von Wärme und Geborgenheit im Raum aufbaut.

Bitten Sie die Engel, Ihnen die Emotionen aufzuzeigen, in denen Sie feststecken und in Ihrer spirituellen, persönlichen Entwicklung behindert werden.

Bitten Sie auch Erzengel Gabriel um Unterstützung, wenn Sie auf Spurensuche bei unerklärlichen Symptomen sind.

Oft werden wir in unserer Entwicklung durch Ängste karmischer Herkunft aus früheren Leben beeinträchtigt. Dann tauchen Schattenwelten auf, die in diesem Leben unerklärlich oder nicht nachvollziehbar erscheinen. Diese dunklen Emotionen führen dann wieder zur Verdichtung des Lichtkörpers und reduzieren die natürliche Schwingung.

Bitten Sie vor Ihrer Meditation die Engel um Führung und Auflösung alter Emotionen aus früheren Leben. Gehen Sie bewusst in Ihren Körper und danken Sie für Ihre jetzige, aktuelle Inkarnation und bitten Sie die Engel, Ihnen die wahren Pläne Ihrer Seele aufzuzeigen.

In der vertrauensvollen Kombination aus Meditation und Lichtarbeit mit Engeln erhöht sich auch die Schwingung Ihres physischen Körpers; bereits nach kurzer Zeit, werden Sie erste positive Anzeichen wahrnehmen.

Lassen Sie sich von Ihren Engeln zu Ihrem wahren Potenzial führen!

Willkommen im Reich des Lichts, der Fülle und der Liebe, Ihrem einzig wahren Zuhause!

7. Emotionale Balance, Stressabbau und Burn-out-Prävention im Alltag durch Engelenergetik

Die Burn-out-Falle lauert in unserer modernen westlichen Leistungsgesellschaft ähnlich gut getarnt am Wegesrand wie die Radarfallen der Verkehrsüberwachung. Der vermeintliche Temposünder im Straßenverkehr und der Mensch der Moderne an sich haben eines gemeinsam, das abhandengekommene Gefühl für das angepasste Tempo.

Doch die Folgen der Geschwindigkeitsübertretung sind für den Temposünder überschaubar, die Fahrerlaubnis wird nur auf Zeit entzogen, doch die Folgen eines intensiven Burn-outs können lebenslang begleiten.

Unseren Führerschein können wir präventiv durch ein angepasstes, moderates, vorausschauendes Fahrverhalten schützen, indem wir die Beschilderung am Wegesrand als Warnhinweis verstehen. Das Gleiche gilt umso mehr in unserem alltäglichen Lebensrhythmus. Wir haben uns schon scheinbar daran gewöhnt, den Verpflichtungen unserer eng getakteten Termine im Wettlauf gegen die Uhr nachzuhetzen.

Doch anstelle des wohlverdienten Feierabends, der eine Tempodrosselung verheißungsvoll aufblitzen lässt, erwartet viele Arbeitnehmer auch dann noch eine digitale Flut von E-Mails mit dem Anspruch auf Bearbeitung. Selbst wohlverdiente Urlaubstage werden durch die moderne Geisel der ständigen Erreichbarkeit mittels Smartphone sabotiert.

So wird mancher zum Entspannen dringend benötigte Sandstrand nicht von einem Sonnenschirm, sondern von der mitgereisten Arbeitswelt überschattet.

Im Zeitalter dieser nicht enden wollenden Informationsflut liegt es an uns, die nötigen Vorkehrungen zu treffen und die imaginären Warnschilder der Stresssymptome im Alltag wahrzunehmen. Es gilt den dahinterliegenden Mechanismus zu erkennen und präventiv zu entmachten.

Doch unsere moderne glitzernde Medienwelt ist nicht mehr so einfach zu entschlüsseln, längst ist sie tief bis in die Schichten unseres kollektiven Unterbewusstseins eingedrungen.

Ein Schlüssel, der zur Zurückeroberung unseres gesunden Lebenstempos führen könnte, ist die bewusste Auseinandersetzung mit uns selbst. Wir sollten uns die Zeit nehmen, wie bereits im vorangegangenen Kapitel ausführlich beleuchtet, für den Dialog mit unserer Seele. Es ist für unsere psychische Gesundheit von entscheidender Wichtigkeit, ob wir das, was und wie wir es tun, auch genauso leisten wollen und können, wie es die Anforderungen von uns verlangen.

Wenn wir für unsere Arbeit aus tiefster Seele und Begeisterung brennen, ist eine zeitweilige Überlastung im Sinne von positivem Stress durchaus weniger folgenreich als eine überlastende ungeliebte Tätigkeit, die negativen Stress produziert.

Doch was nützt uns das Innehalten und Atemholen, wenn wir nicht bereit sind, hinter die Kulissen unserer übersteigerten Leistungsbereitschaft zu blicken? Wo ist der Motor, was treibt uns an?

Da lauert sie, die listig getarnte Falle am Wegesrand, es ist die Grundemotion der Angst! Einmal getarnt als Existenzangst, ein anderes Mal als Versagensängste, Prüfungsängste, Angst, nicht gut genug oder möglichst besser zu sein, Angst vor sozialem Abstieg oder ganz aktuell die von der Medienwelt befeuerte Angst vor Altersarmut.

Wir sind in unserer auf Leistung konditionierten Gesellschaft stets gefährdet mitzusprinten, auf dem Marathonlauf nach Anerkennung und Statussymbolen, den modernen Götzen der Glückssucher.

Wahre, bewusste Lebensgenussmenschen und Glückssucher sind nach östlicher Weisheitsdefinition „Seiende", also bewusst im Hier und Jetzt mit allen Sinnen Lebende. Der moderne Homo sapiens hingegen fällt jedoch wohl eher in die nach östlicher Terminologie definierte Schublade der „Tuenden".

Doch was tun wir wirklich? Sind wir auf der Jagd nach Erfolg und Anerkennung, Reichtum und materieller Sicherheit? Oder sind wir schon längst auf der Flucht vor unseren Ängsten?

In beiden Fällen haben wir nicht nur ein Problem mit unserer vom Lebenstempo überforderten Seele, sondern auch mit unserem evolutionären Erbe.

Dereinst benötigten wir die Stresshormone wie Adrenalin, Kortisol usw. für die Jagd als mobilisierende, überlebensnotwendige Energiereserve. Heutzutage produzieren wir diese Burn-out beschleunigenden Stresshormone noch immer, doch wir können diese Energie-Kicks weder auf dem Bürostuhl am PC noch auf der Nahrungsmitteljagd im Supermarkt um die Ecke abbauen. Natürlich ist es gesund und begrüßenswert im Sinne der Work-Life-Balance, nach Feierabend die körperlichen Energiedepots durch Sport abzuarbeiten.

Doch auch hier ist das rechte Maß meist schon gefährdet, denn selbst beim Lauftraining im Wald sind die meisten bereits wieder auf der Flucht vor einer unerkannten, nicht akzeptierten und transformierten Urangst.

Doch die einzige Möglichkeit, diese Rallye sowohl im beruflichen, als auch im privaten Leben zu stoppen, ist die schonungslose Inventur der Seele!

Wir sollten uns diesen in jedem von uns letztendlich vorhandenen Ängsten stellen, sie bewusst annehmen, umarmen, anschauen und liebevoll verabschieden. Wir können sie dann verabschieden, wenn wir ihre Botschaft verstanden haben, eine verschlüsselte Botschaft des Resonanzprinzips, das uns in einer für uns unverständlichen Weise im Kreis laufen lässt.

Die sicherste Methode, im Kreisverkehr mit sich selbst steckenzubleiben, sind wieder einmal unsere Glaubenssätze und Muster. Sie suggerieren uns den scheinbar steinigen, harten Weg zum Erfolg und dessen existenzielle Sicherheit. Aber sie warnen uns auf dem Gipfel des Erfolges auch wieder vor dem scheinbar drohenden Absturz aus der angeblich dort oben dünner werdenden Luft.

Folglich kann der Gipfelsturm nicht entspannt genossen werden, sondern er wird mit nochmals erhöhter Leistung mit allen Mitteln fast rund um die Uhr verteidigt.

Doch wenn die Seele müde wird und die Warnschilder wie Erschöpfung oder beginnende Depression, Schlafstörungen, Unruhezustände, schwankender Blutdruck etc. überrannt werden, dann wird die Burn-out-Bedrohung leider meist real.

Wenn Sie sich jetzt kopfschüttelnd zu den glücklichen Lesern zählen, die diese Falle erkannt und bearbeitet haben und lobenswerter Weise im Urvertrauen anstelle der Urangst leben, habe ich leider noch eine ernüchternde Falle in den nächsten Zeilen für Sie!

Hand aufs Herz, sind Sie noch nie in die Belohnungsfalle geraten? Diese freundliche, wärmende, stärkend anmutende Falle lauert selbst im Privatleben auf uns. Schließlich waren wir ja alle einmal wohlerzogene Kinder, die sich über kleine Geschenke oder liebevolle Gesten für gute Schulnoten gefreut haben. Der erste Schultag, eigentlich der erste Leistungsgesellschaftstag unseres Lebens, wurde uns zumeist mit einer bunten Schultüte gefüllt mit Süßigkeiten und netten Kleinigkeiten versüßt. Diese liebevolle, gutgemeinte Geste unserer Eltern war aber leider auch der Startschuss für die Konditionierungsfalle: Arbeit macht das Leben süß und ähnliche Glaubensmuster. Auch wenn wir die Schultüte längst beiseitegelegt haben und mitten im Leben stehen, das Kind in uns lebt weiter, das ist auch gut so, aber wir sollten uns ehrlich selbst überprüfen, wie anfällig wir noch für Belohnungen sind.

Aus der Schokolade von einst wurden akademische Titel an der Tür des Chefbüros und adäquate Gehaltsschecks. Doch diese Karrieretreiber der Anerkennung sollten stets souverän, authentisch von einem wachen Geist bewacht werden und vor Auswucherung präventiv geschützt bleiben! Bewacht vom Geist des authentisch „Seienden", dem in sich ruhenden authentisch lebenden Seelenmenschen, der die Fallstricke am Wegesrand erkennt, ansieht und liebevoll anlächelt.

Werden Sie zu einer authentischen Einheit von Körper, Geist und Seele und Ihr Inneres Kind sitzt mit im Boot des Lebens und wird wie dereinst den Fallstrick zum Springseil der Kinderzeit umfunktionieren. Gerade hier wartet unser größtes Schutzpotenzial, die spielerische, freudige, erwartungsvolle Lebenshaltung der Kinderseele! Erinnern wir uns an die Worte Jesu „Werdet wie die Kinder". Lassen Sie uns erkennen, wie wichtig die Zeit für unsere Seele ist, die wir im absoluten Nichts des Müßiggangs verbringen!

Zurück zu einem Staunen über das Leben selbst, die Schönheit der Natur, die Wärme der Sonne und das Prickeln des Sommerregens auf der Haut! Treten Sie ein in das Reich der Wahrnehmung, der Sinne und der Sinnsuche, gerade jetzt in unserer säkularisierten und kalt gewordenen Gesellschaft. Holen Sie sich den arbeitsfreien Sonntag für Ihre Seele zurück, vielleicht wird es ja in Zukunft Ihr Engeltag?

Ja, auch hier können uns die Engel auf unserer Lebensreise am Standort abholen und begleiten! Laden Sie den „Stressengel" in der Meditation ein und bitten Sie um aufklärende Impulse, wo in Ihrem Leben die Stressfalle lauert! Holen Sie auch erneut Ihren Schutzengel ins Boot und bitten Sie nicht nur um den täglichen Schutz Ihrer körperlichen Gesundheit, sondern bitten Sie ihn auch um den Überhitzungsschutz im Alltag, der Sie vor dem Ausbrennen der Seele, dem Burn-out bewahrt!

Laden Sie den Engel der Kreativität in Ihr Leben ein und bitten Sie um Impulse, die Ihr Arbeitsleben erleichtern, bereichern und den Umgang mit Stress spielerischer werden lassen!

Versenden Sie auch eine kosmische Einladung an die Engel der Lebensfreude und des Humors, denn wenn wir es schaffen, von der Lebensbewältigung in die hohe Kunst der Lebensfreude zu wechseln, sind wir selbst den Stürmen der Medienwelt gewachsen! Gönnen Sie sich mehr Zeit mit sich selbst und Ihren Engeln, dann sind Sie wirklich am Puls der Zeit und damit geschützt vor dem Ausfließen der Seele, dem Rennen nach Anerkennung und Belohnung.

Mein persönlicher Burn-out-Präventionstipp:

Gönnen Sie sich öfter internetfreie Tage im Sinne der Unerreichbarkeit für die Seele!

Erlauben Sie sich „jagdfreie" Tage und legen Sie die „Säbelzahntiger" der Neuzeit, Smartphone und PC, öfter einmal lahm.

Schützen Sie Ihre Lebenszeit durch Freizeit und nötigenfalls Auszeiten, kehren Sie zurück zur Lebensqualität!

„Lange Zeit schien es mir, als würde das Leben erst noch beginnen – das richtige Leben.

Doch immer war irgendein Hindernis im Weg, etwas, das erst noch erledigt werden musste.

Irgendwo war noch Zeit abzuarbeiten, irgendwo eine Schuld zu begleichen.

Dann würde das Leben beginnen.

Schließlich dämmerte mir, dass diese Hindernisse mein Leben waren."

Alfred d'Souza

Teil 2: Die Erzengel, spirituelle Wegbegleiter und Heilungs-Assistenten

8. Heilende Herzchakraöffnung mit Erzengel Raphael

Im ersten Teil des Buches haben wir ja bereits von der Wichtigkeit unserer Herzensangelegenheiten im Sinne einer energetischen Herzöffnung gesprochen. Wir haben uns vorrangig bei emotionalen Themen besonders der seelischen Verletzungen angenommen und diese der heilenden Energie von Erzengel Chamuel anvertraut.

Nun möchte ich Sie einladen, einen weiteren Schritt auf Ihrem persönlichen Engelweg zu wagen und Ihren Selbstheilungsprozess erneut zu aktivieren.

Unser Herzchakra ist nicht nur das emotionale Machtzentrum unserer Liebesfähigkeit und Herzenswärme, sondern - wie bereits erwähnt - auch das energetische Zentrum unseres Herz-Kreislaufsystems und unserer Lungenfunktion.

Die „emotionale Patenschaft" unserer Herzen obliegt der liebenden Fürsorge von Erzengel Chamuel, während der eher physische Aspekt von Erzengel Raphael, dem Engel der Heilung, geschützt wird. In den meisten spirituellen Schulen und Traditionen wird das Herzchakra sowohl rosa als auch grün dargestellt. Diese Lehren decken sich mit der Wahrnehmung von Aurasichtigen bzw. hellsichtigen Personen als auch mit der Engelfarblehre. Das rosa Farbspektrum wird von Erzengel Chamuel beseelt, während das grüne Energiefeld von Erzengel Raphael gestärkt wird.

Wenn wir uns auf den Weg der Selbstheilung begeben, ist es unerlässlich, sich auch dem physisch orientierten Aspekt des Herzchakras zu öffnen. Das Herzchakra steht, wie bereits beleuchtet, in besonders intensivem Austausch mit unserem gesamten Chakrensystem und unserem Energiekörper.

Daraus resultiert eine hohe energetische Präsenz, die für stetige Stabilitäts- bzw. Ausgleichsbewegungen benötigt wird.

Um uns nach einem Bad in der Menschenmenge, zum Beispiel dem Besuch von Großveranstaltungen, Einkaufszentren, Flughäfen, Bahnhöfen oder einer großen Klinik nicht erschöpft zu fühlen, sollten wir auch auf unser Herzchakra und dessen Schutz achten. Neben dem Solarplexus ist dieses Energiezentrum am anfälligsten für Fremdenergien. Unter Fremdenergien verstehe ich natürlich in erster Linie die Belastung durch Elektrosmog oder Wasseradern bzw. Erdstrahlung auf intensiven Erdmagnetfeldern.

Besonders schwer erkenntlich und identifizierbar sind jedoch energetische Anhaftungen aus dem Bereich der meist als Astralebene bezeichneten energetischen Sphäre.

Hier stoßen wir auf nicht gänzlich von bestimmten Örtlichkeiten abgelöste Energiefelder bereits verstorbener Seelen wie auch auf traumatisierte Energiefelder an historisch belasteten Orten.

Ein zugegebenermaßen extremes Beispiel für fühlbare, historisch belastete Energiefelder sind u.a. ehemalige Konzentrationslager wie Dachau oder Auschwitz.

An diesen Orten unsäglichen Leides und unfassbarer Schuld, aus blindem Wahn, Hass und Fanatismus hervorgegangen, wird wohl kein Besucher unberührt bleiben.

Energetische Anhaftungen können im negativsten Fall bis zu Fremdbesetzungen führen und die ursprüngliche Identität unserer Persönlichkeit außer Kraft setzen.

Wenn wir jedoch auf die nötige Balance unseres Energiekörpers achten, sind wir durch unsere Aura geschützt, doch den sichersten Schutz gewähren uns unsere Engel! Insbesondere dann, wenn wir Besuche an historisch belasteten Plätzen planen, sollten wir uns ihrer Lichtkraft anvertrauen, indem wir sie um Beistand bitten und um Schutz anrufen!

Neben der Anfälligkeit für Fremdenergien ist das Herzchakra auch ein Speicher körperlicher Belastungs-Erinnerung.

Dank zahlreicher Studien wissen wir heute um unser „Zellgedächtnis", das traumatische Erlebnisse förmlich speichert.

Mit Hilfe einer spirituellen Herzöffnung, in der wir uns Erzengel Raphael anvertrauen, können wir uns sowohl von Fremdenergien reinigen als auch den „Gedächtnisspeicher" der Zellerinnerung leeren.

Besonders hilfreich ist diese Engelbewusstseinsarbeit auch dann, wenn wir uns gar nicht mehr aktiv an erlittene traumatische Erlebnisse erinnern. Oft zeigen sich in Folge einer energetischen Herzöffnung noch einmal Ereignisse, Emotionen oder Bilder, die uns zum Teil über Jahre unbewusst begleitet haben.

Den wohl eindeutigsten, inzwischen wissenschaftlich anerkannten Zusammenhang zwischen emotionaler und physischer Herzgesundheit finden wir unter dem Begriff „Broken-Heart-Syndrom".

Die in diesem Begriff zusammengefassten Symptome, die bis hin zum Infarkt führen können, treten häufig nach nicht verwundenen Trennungen auf. Insbesondere nach tragischen Todesfällen, die zum Verlust des geliebten Partners führten.

Eine wenn auch körperlich weniger dramatisch ablaufende, abgeschwächte Variante finden wir bei Trennungsopfern, die nach durchlittenen Rosenkriegen förmlich einfrieren.

Hier wird meist unbemerkt das Herzchakra durch Schutzverhalten regelrecht emotional abgeschottet. Diese vermeintliche Schutzhaltung, die vor neuem Herzeleid bewahren soll, kann jedoch sehr schnell in eine depressive Verstimmung münden.

Wir sind nun einmal soziale, auf Kommunikation und empathischen Austausch angelegte, geistig hochentwickelte Lebewesen, die nicht für isolierte Lebensformen geeignet sind. Dies gilt insbesondere für die selbsterwählte emotionale Isolation.

Besonders wichtig für ein unbeschwertes, frei schwingendes Herzchakra ist natürlich auch die karmische Lastenfreiheit. Das heißt, wir sollten Erzengel Raphael auch um die heilende Transformation alter Verletzungen und Verstrickungen aus früheren Leben bitten.

Im nächsten Kapitel werden wir uns unter anderem mit der Fähigkeit des Hellfühlens befassen. Um diesen „energetischen Tastsinn" unbeschwert einsetzen zu können, ist es ebenfalls unerlässlich, die nötige „Herzarbeit" geleistet zu haben. Das Herzchakra ist das energetische Zentrum, das uns dazu befähigt, die eigene Hellfühligkeit zu entwickeln und einsetzen zu können.

Wie bereits in der ersten Stufe der spirituellen Herzöffnung (Kapitel 3) mit Erzengel Chamuel angeführt, können Sie Ihre persönliche Anrufung völlig frei formuliert an Erzengel Raphael richten.

Nachfolgend noch eine weitere Engel-Anrufung, die ich aus der Geistigen Welt empfangen durfte!

Wenn Sie diese Anrufung in Ihren persönlichen Engelenergetik-Prozess einbinden möchten, folgen Sie bitte wiederum der spirituellen Tradition der dreifachen Wiederholung!

Ich wünsche Ihnen die unbeschwerte Kraft Ihres Herzchakras und den Segen von Erzengel Raphael!

Erzengel Raphael-Anrufung zur heilenden spirituellen Herzöffnung:

Im Namen des Vaters,

bitten wir dich, Erzengel Raphael, Engel der Heilung und des grünen Lichtstrahles,

öffne unsere Herzen für die heilende Lichtkraft der göttlichen Quelle!

Schenke uns die Kraft, die Anhaftung emotionaler und mentaler Verletzungen zu transformieren!

Befreie uns von energetischen Verstrickungen, verbinde uns mit der Heilkraft der göttlichen Liebe!

Fördere unsere spirituelle Entwicklung und stärke unsere Wahrnehmungsfähigkeiten!

Aktiviere die Schutzkraft unserer Aura und stärke die physische Kraft unserer Herzen!

Schenke uns die Kraft, alte traumatische Belastungen zu erkennen, loszulassen und zu transformieren.

Verbinde uns mit der Heilkraft der göttlichen Quelle, um den Informationsspeicher unseres Zellbewusstseins zu leeren!

Segne uns auf unserem Lebensweg der Bewusstwerdung,

schenke uns die Kraft, unsere Urängste zu erkunden und in die Heilkraft des Urvertrauens einzutauchen.

Öffne unsere Herzen für den göttlichen Heilstrom, der für uns vorgesehenen Fülle und Versorgung, erhöhe unsere Schwingungsfrequenz und transformiere unser menschliches Mangelbewusstsein.

Schenke uns deine Unterstützung für die Kraft der Vergebung, der Dankbarkeit und der Liebe.

Stärke unsere Fähigkeit, die göttliche Liebe und das göttliche Licht in allen Lebewesen zu erkennen, zu achten und ihnen mit der angemessenen Wertschätzung zu begegnen.

*Aktiviere unsere Selbstheilungskräfte und
segne unsere Wege mit deinem Licht!*

*Im Namen des Vaters, des Sohnes
und des Heiligen Geistes!*

Danke!

9. Bewusstseinserhöhung durch die Kommunikation mit Engeln - Hellfühlen, Hellhören, Hellwissen und Hellsehen

Nachdem wir uns im vorangegangenen Kapitel den spirituellen Schätzen unserer „energetischen Herzkammer" geöffnet haben, ist es nun an der Zeit, weitere beherzte Schritte auf dem Sehnsuchtspfad der Seele zu wagen. In uns allen lebt ein ewiges, unauslöschliches Kraftfeld, das uns beseelt und uns durch die Inkarnationen unserer Seele trägt.

Wir sind zeitreisende Lichtwesen, Träger einer überwältigenden Informations- und Wissensflut, Botschafter der Liebe und Zeitzeugen untergegangener Kontinente und Zeitepochen.

Jeder von uns kennt diese unglaublichen Gänsehautmomente, die sogenannten Déjà-vu -Erlebnisse, die uns alle irgendwann einmal einholen. Orte, an denen wir uns heimisch fühlen, ohne sie jemals vorher gesehen zu haben, oder Sprachfetzen einer uns vermeintlich fremden Sprache, die zu uns hindurchdringen und deren Bedeutung uns so vertraut und heimelig in den Ohren klingt.

Wir alle tragen sie in uns, die eigene unverkennbare Melodie der Erinnerungen unserer Seele, ein Lied, das von Glück und Liebe, aber auch von Schmerz und Leid erzählt.

Doch wir leben in der Realität unseres Wachbewusstseins, in der Realität unserer aktuellen Inkarnation und deren Herausforderungen.

Das ist auch völlig in Ordnung, doch wir sollten unser Bewusstsein und unsere Interpretation von Realität nicht auf die Wahrnehmungsebene beschränken, die sich uns im gewohnten Alltag erschließt. Wir sind energetisch hochschwingende Wesen, denen es möglich ist, die Reise in eine andere Seinsform der Realität anzutreten.

Wir können eintreten in eine metaphysische transzendente Ebene, eine ebenso real existierende Ebene wie die der üblicherweise verstandenen Realität. Der wesentliche Unterschied liegt in der Begrenzung unserer Sinnesorgane und deren Wahrnehmung. Im normalen Tagesbewusstsein bedienen wir uns der dafür ausreichenden Sinne wie fühlen und tasten, hören, schmecken, sehen und riechen. Das reicht uns vollkommen zur Bewältigung unserer alltäglichen Anforderungen. Unsere Mitmenschen, auch wenn einer dieser Sinne eingeschränkt ist und sie ihr Leben bewundernswert meistern, zeigen uns in beeindruckender Weise, wie lebens- und überlebensfähig wir eigentlich sind.

Die geniale Vielfalt unserer Sinneswahrnehmung reicht jedoch viel weiter, denn eigentlich leben wir in einer lediglich gedrosselten, angepassten Version unserer Wahrnehmungsmöglichkeiten.

Über die Jahrhunderte der menschlichen Evolution haben sich unsere Fähigkeiten und Sinne einerseits erheblich geschärft und andererseits haben wir sie wieder verloren. Diese evolutionäre Anpassung erscheint auch sinnvoll, wenn wir versuchen uns vorzustellen, wie unerträglich laut der heutige Lärm unserer Städte wohl für die Jäger und Sammler der Frühzeit gewesen wäre!

Dereinst entschied ja nicht nur die Schnelligkeit des Jägers über seinen Erfolg, es galt ja auch das Beutetier aus großer Reichweite schon zu hören, zu erspähen oder gar seine Fährte zu riechen!

Das Gleiche galt für das erfolgreiche Überleben, wenn man einstens in grauer Vorzeit durch Urwälder streifte und vor gefährlichen Raubtieren flüchten musste.

Irgendwann war es in unserem Teil der Welt aber offensichtlich nicht mehr nötig, herannahende Gefahren instinktiv zu erfassen und mit extrem geschärften Sinnen ausgestattet zu sein. Die Lebensräume wurden stets kultivierter und überschaubarer und irgendwann wurde kollektiv festgestellt und beschlossen, was wir als reale Empfindungen einstufen.

Spätestens mit dem Aufziehen der Grauen der Inquisition war klar geregelt, wer was sehen oder wahrnehmen durfte oder eben nicht.

Dies galt insbesondere für Frauen, bei denen Hellsichtigkeit vermutet oder ihnen vorgeworfen wurde oder die gar mit Naturwesen und Pflanzengeistern sprachen und die somit als Hexen diffamiert und verfolgt wurden.

Nach meinem Empfinden wurden unsere heute gerne als „übersinnlich" deklarierten Sinne in dieser Zeit kollektiv aus Angst vor Verfolgung gedrosselt.

Wer wollte denn schon etwas sehen oder hören, das sich den Sinnen der Mitmenschen entzog und zugleich blitzschnell zum Todesurteil werden konnte?

Doch die wahren Hell-Sinne und Fähigkeiten haben die Schatten der Inquisition tief in unseren Seelen behütet überlebt.

Leider haben wir sie in unserer intellektuellen, aufgeklärten Gesellschaft so gut vergraben und angepasst, dass wir sie erst wieder ausgraben müssen.

Hinzu kommt ein bis heute unter der Oberfläche der kollektiven Volksseele brodelndes Stigma dieser einst als „Hexenwerk" verfemten Fähigkeiten.

Einen weiteren Kriegszug mussten unsere höheren Wahrnehmungsfähigkeiten aus dem Lager der psychologischen Wissenschaften überstehen.
Erinnern wir uns an einen markanten Satz des von mir durchaus sehr wertgeschätzten Alt-Bundeskanzlers der Bundesrepublik Deutschland Dr. Helmut Schmidt!

„Wer Visionen hat, sollte zum Arzt gehen!"

Ein bisschen befremdlich finde ich diese Äußerung gerade von diesem großen Staatsmann, der oft seiner Zeit vorausgeschaut hat und bis heute nach meiner Einschätzung die großen Zusammenhänge im Spiel der Weltpolitik brillant interpretiert.

Schließlich waren es seine scharfen Sinne, die er über seinen analytischen Verstand setzte, als er bei der Jahrhundertflut 1962 in Hamburg die Kompetenzen seines damaligen Amtes bei Weitem überschritt und durch sein beherztes Eingreifen noch verheerendere Ausmaße der Katastrophe einzudämmen vermochte.

Kehren wir zurück in unsere moderne, aufgeklärte Zeit und freuen wir uns darüber, dass selbst die modernen Wissenschaften sich der Quantenebene unseres Seins annähern. Wenn wir heute von metaphysischen Fähigkeiten wie Hellsehen, -fühlen, -riechen usw. sprechen, können wir uns dem Thema aus vielen Richtungen nähern. Wir können eintauchen in die reiche Sinneswelt des Schamanismus, dessen Rituale auf die Schärfung unserer Sinne ausgelegt sind, oder moderne psychologisch orientierte Trancereisen antreten.

Besonders tief tauchen wir in die inneren Erlebniswelten der Seele ein, wenn wir uns auf die Pfade der östlichen, meditativ ausgerichteten Weisheitslehren begeben. Wie ebenfalls in diesem Buch bereits beleuchtet, gilt dieser bewusstseinsfördernde Aspekt auch für die kontemplativen Erfahrungswege der christlichen Mystik.

Ganz zu schweigen von dem bunten Angebotsreigen des schillernden New-Age-Marktes, reich an Channeling und

Hellseh-Befähigungs-Schnellseminaren für das Wochenende!

Ich möchte Ihnen zur Bergung Ihrer heiligen Schätze auf dem hellfühlenden Grund Ihrer Seele an dieser Stelle einmal mehr die Engelwelt ans Herz legen!

Nehmen Sie sich Zeit für die Entwicklung Ihres angeborenen Potenzials und erkunden Sie mit Hilfe der Engel Ihre persönliche Datei in der Akasha-Chronik. Es sind gerade unsere Engel, die uns den Zutritt gewähren können in diese universelle, kosmische, gigantische Datenbank.

Viele Weisheitslehrer bezeichnen sie auch als das Weltengedächtnis und die Weltenseele. Irgendwie trifft dies alles zu, denn erinnern wir uns an die morphischen Informationsfelder: alles Wissen, jede Information, jedes Ereignis ist letztendlich Energie.

Dank der Quantenphysik wissen wir auch, dass Energie nicht verloren geht, sondern lediglich ihre Erscheinungsformen ändert, also endlos ist!

Ebenso endlos wie unser menschliches Bewusstsein und die Existenz unserer Seele! Mit der Hilfe unserer Engel können wir in gezielten Meditationen unseren Blick in diese große Weltenbibliothek wagen, um Informationen zu erhalten, die für unsere jetzige Inkarnation von Bedeutung sind.

Insbesondere die Erfahrungen aus früheren Leben entscheiden darüber, ob und wie wir uns auf die Fähigkeiten unserer Sinne einlassen oder gar verlassen.

Es gilt wieder einmal mehr, alte mitgebrachte Begrenzungen, Verletzungen oder gar Gelübde zu erkennen und zu transformieren. Jeder von uns kann die Fähigkeit des Hellhörens, also das Empfangen von gehörten Botschaften, in seinem Alltag bestens trainieren!

Üben Sie sich einfach darin, Ihrer Familie und Ihren Freunden, Kollegen etc. besonders aufmerksam zuzuhören!

Lassen Sie sich auf deren Aussagen ein, ohne Energie auf deren Bewertung zu legen. Lernen Sie, die Worte auf sich wirken zu lassen, versuchen Sie, nicht nur präsent zu sein, sondern Ihr Gehör bewusst mit der Liebe und dem spirituellen Reichtum Ihres Herzens zu verbinden!

Bald werden Sie feststellen, wie Ihre Fähigkeit, zwischen den gesprochenen Worten zu hören, wächst. Es wird Ihnen zunehmend gelingen, die eigentlichen Botschaften Ihrer Mitmenschen wahrzunehmen, einem wesentlichen Aspekt des Hellhörens.

Mit Hilfe eines so geschulten Gehörs werden Sie auch immer intensiver die Botschaften Ihrer eigenen Seele, der inneren Stimme hören und verstehen und so wertvolle Hinweise für Ihre eigene Zukunft empfangen können.

Neben dem Herzchakra steht uns auch ein sogenanntes Nebenchakra, das Ohrenchakra, zur energetischen Verfügung. Bitten Sie einen Erzengel oder den Lieblingsengel Ihrer Wahl um Unterstützung, wenn Sie diese Fähigkeit ausbauen möchten!

Letztendlich genauso verhält es sich mit unserer Fähigkeit des Hellfühlens. Wir sind durchaus dazu befähigt, die Anwesenheit von Engeln oder anderer Lichtwesen in einem Raum zu fühlen, genauso wie bei körperlich real existierenden Personen und deren Anwesenheit. Die geschulte Hellfühligkeit kann uns dazu verhelfen, nicht nur verschiedene geomantische Energien und deren Auswirkungen auf Wohnräume zu erspüren, sondern auch weitere, als paranormal bezeichnete energetische Phänomene wahrzunehmen: beispielsweise die Anhaftung von ortsgebundenen Seelenanteilen verstorbener Menschen.

Viele unerlöste Orte und Anwesen warten förmlich auf liebevolle Menschen, die sich fein- und hellfühlend ihrer und deren nach Licht strebenden Seelen annehmen!

Bitten Sie die Engel, Ihnen auf Ihrem Schulungsweg Zeichen zu setzen, die Sie deuten können: zum Beispiel, um einen warmen oder kühlen real fühlbaren Luftzug oder einen Berührungsimpuls auf der Schulter oder ähnliche Zeichen. Lassen Sie Ihrer Kreativität und dem Dialog mit den Engeln freien Lauf!

Vernetzt ist unsere Hellfühligkeit insbesondere mit unserem Herzchakra und demzufolge mit Erzengel Chamuel und Erzengel Raphael.

Die Fähigkeit des Hellwissens ist sehr stark mit der universellen Datenbank, der Akasha-Chronik, vernetzt. Wir sind heute in der privilegierten Lage, unser erlerntes Wissen via

Suchmaschine im Internet gezielt um benötigtes Detailwissen oder Informationen zu ergänzen. Einen weiteren Zugang zu Wissensschätzen können wir erlangen, wenn wir uns auf die Interpretation morphischer Wissensfelder einlassen.

In der von Bert Hellinger begründeten systemischen Therapie, auch als „Familienstellen" bekannt, werden diese morphischen Felder gezielt genutzt, um verborgenes Wissen und Zusammenhänge, Familiengeheimnisse und vieles mehr aufzudecken.

Der oder die als Stellvertreter bezeichnete Person wird gezielt in die Position des Menschen, in den es sich einzufühlen gilt, eingesetzt. Weitere „Stellvertreter" rekonstruieren einen gezielten Sachverhalt oder eine Familiensituation, die der Befragung zugrundeliegen.

Die sogenannten Stellvertreter sind dank der Informationsübertragung der morphischen Felder auf schwer zu erklärende Weise in der Lage, die eigene Persönlichkeit für die Dauer der Aufstellungsposition auszublenden und in das Wissensfeld einer ihnen unbekannten Person einzutreten.

Wenn Sie Ihre Fähigkeiten, Wissensschätze auf metaphysischer Ebene abzurufen, schärfen wollen, würde ich Ihnen solche Aufstellungspositionen innerhalb einer systemischen Familienaufstellung empfehlen.

Sie werden verblüfft sein, wie schnell Sie die Grenzen Ihrer Wahrnehmung erweitern können.

Ein besonders intensiver Weg der Bewusstseinserhöhung führt uns auch hier wieder zu unseren Engeln. Teilen Sie Ihren Engeln der Wahl mit, welche Wissensbereiche Sie so erweitern wollen, und bitten Sie um gezielten Zugang zur Akasha-Chronik.

Auch hier gilt, die Eintrittskarte zu höherem Wissen stellt Ihr in der Liebe schwingendes Herzchakra aus. Zusätzlich können Sie bewusst mit Ihrem Kronenchakra meditieren, dieses energetische Zentrum entscheidet mit, wie weit und auf welchem Wege wir uns für welche Wissensschätze öffnen! Bitten Sie auch Erzengel Michael um die Transformation alter Belastungen aus früheren Leben, die Ihrer Wahrnehmungssensibilisierung im Wege stehen!

Besonders häufig tritt das Phänomen des Hellwissens jedoch völlig spontan und unvorbereitet auf. In diesem Fall ist es besonders wichtig, dieses zarte Pflänzchen nicht mit intellektueller Ignoranz zu zertrampeln, sondern die aufsteigende Information einfach vorbehaltlos anzunehmen. Lassen Sie diese Form der scheinbar aus dem Nebel des Nichts aufsteigenden Botschaft, wie auch die aller anderen Sinne, einfach erst einmal unkommentiert stehen.

Erst mit ein wenig zeitlichem Abstand sollten Sie die Wachsinne der Realwelt hinzuziehen und Sinn und Inhalt der gewonnenen Botschaften selektieren und auswerten.

Es ist auch sinnvoll, ein Tagebuch der Botschaften zu führen; oft können Informationen aus höheren Ebenen erst nach Wochen oder Monaten gedeutet werden, insbesondere dann, wenn Menschen in radikalen Umbruchssituationen stehen.

Wenden wir uns zu guter Letzt dem wohl spektakulärsten Phänomen der menschlichen Hellsinne, dem Hellsehen, zu. Um diese Fähigkeit zu schulen, kursieren vielfältige, zum Teil skurrile „Trainingspläne". Viele gut gemeinte Tipps um das Dritte Auge im Schnellverfahren zu öffnen, werden in unzähligen Workshops trainiert, sicherlich zumeist mit guter Absicht.

Doch gerade hier führt kein Weg an der Entwicklung der gesamten spirituellen Persönlichkeit und dem Erlangen der höchstmöglichen Stufe, des ethischen Bewusstseins, vorbei! Erst wenn alle anderen Hellsinne ausgeprägt und integriert sind, sollten Sie um das Aufsteigen von Bildinformationen aus der Geistigen Welt bitten!

Nur wenn Ihre Seele alle Altlasten bearbeitet und transformiert hat, wenn Sie kein Opfer eines scheinbar willkürlich zuschlagenden Resonanzgesetzes werden können, sollten Sie um „Bildfreigabe" bitten.

In noch ausgeprägterem Maße als im Umgang mit den vorangegangenen besprochenen Sinnen gilt hier die absolute Urteilsfreiheit Ihrer Persönlichkeit als Maß aller Dinge!

Botschaften, die wir als Menschen sehen dürfen, sind Geschenke des Universums und sollten mit höchster Wertschätzung empfangen werden.

Insbesondere dann, wenn wir nur Dolmetscher sind, gilt es, die Originalversion 1:1 an die Empfänger mit höchst möglichem Wahrhaftigkeitsanspruch weiterzuleiten!

Ich weiß, wovon ich erzähle, es gibt nichts Schöneres als im Dienst der Engel und der Geistigen Welt zu stehen!

Bedenken Sie aber bitte, dass Sie es auch lernen müssen, Botschaften oder Bilder zu empfangen, die Sie an Ihre Schmerzgrenzen des Mitfühlens oder gar des Mitleidens bringen werden!

Klären Sie in der Meditation, wie weit Sie gehen möchten, bitten Sie Ihre Führungsengel, Ihr Drittes Auge zu schützen und nur behutsam zu öffnen! Nehmen Sie sich Zeit und nochmals viel Zeit für die Bilder aus der anderen Realität und wundern Sie sich bitte nicht, wenn sich nicht nur Bilder aus zukünftigen Ereignissen zeigen, sondern auch Ansichten aus längst vergangenen Zeiten.

Bitten Sie vor allen Ausflügen in die Welt der Hellsinne Ihre Schutzengel und Führungsengel um Geleit! So stellen Sie sicher, nicht an Astralwesen zu geraten, die Sie nur mit furchteinflößenden Maßregelungen erschrecken wollen!

Besuchen Sie die Geistige Welt und insbesondere die Akasha-Chronik nur an den Tagen, an denen Sie sich psychisch stabil und körperlich vital fühlen! Energetische Prozesse sind kräftezehrender als man es vermuten möchte!

Werden Sie bitte immer dann misstrauisch, wenn Sie Botschaften erhalten, die einschüchternd, bedrohend oder gar maßregelnd wirken!

Wen auch immer Sie dann in der Leitung haben.... einen Engel oder ein Lichtwesen mit Sicherheit nicht!

Botschaften aus der Geistigen Welt sind Botschaften der Liebe, Güte und Weisheit, sie kommen ohne Worte der Verurteilung und Herabsetzung aus!

Tauchen Sie ein in die Welt der Sinne, ich wünsche Ihnen übersinnliche, heilende Begegnungen mit Ihren Engeln!

„Verlass dich ruhig auf deine Ahnungen.

Sie beruhen gewöhnlich auf dicht unterhalb der Bewusstseinsschwelle registrierten Fakten."

Joyce Brother, amerikanische Psychologin

10. Die Erzengel, ihre Schwingung, Farben und die heilenden Kristalle

Nachdem wir uns im vorangegangenen Kapitel mit dem Schärfen unserer Hellsinne befasst haben, möchte ich nun den Fokus auf die heilenden Schwingungen der Engel und Erzengel lenken.

Es liegt mir sehr am Herzen, einmal mehr darauf hinzuweisen, meine Anregungen für Ihre persönliche Energiearbeit mit Engeln lediglich als Angebote und nicht als alleingültige Vorgaben zu interpretieren. Gerade im spirituellen Dialog mit Lichtwesen gilt es, unserer eigenen, authentischen Wahrnehmungsebene stets den Vorrang einzuräumen!

Jeder von uns erhält die Botschaften, Bilder und Signale aus der Geistigen Welt, die für sein höchstes Wohl passgenau auserwählt sind. Hinzu kommt die unterschiedliche Wahrnehmung respektive Interpretation von Farben.

Letztendlich werden die mit Hilfe der Hellsinne empfangenen Farbschattierungen mit dem Farbempfinden unserer alltäglichen Farbwahrnehmung abgeglichen. Da ist es verständlicherweise sinnlos, darüber zu diskutieren, wo die farbliche Abstufung zwischen hellblau oder türkis beginnt oder wie die Einstufung von Rottönen erfolgen sollte. In meinen Ausführungen möchte ich die Wahrnehmungen aus der langjährigen Erfahrung mit der Engel-Energiearbeit weitergeben.

In weiten Teilen scheint die von mir empfundene Farbskala mit der anderer Sensitiver übereinzustimmen.

Doch es gibt auch starke Abweichungen wie zum Beispiel beim Farbspektrum von Erzengel Michael. In der Regel wird er im blauen Farbstrom wahrgenommen, doch mir sind auch Überlieferungen bekannt, nach denen er sich in orange bis rosa Farbtönen zeigt.

Testen Sie Ihre eigene Wahrnehmung, bitten Sie die Erzengel, Ihre eigenen Erfahrungen sammeln zu dürfen! Eine für mich schlüssige, mögliche Erklärung der zum Teil erheblichen Farbabweichungen könnte in der Aurahülle der Botschaftsempfänger liegen. Unsere Engel sind Meister der Heilung und gehen auf jeden von uns individuell, passgenau ein. Warum sollte sich also zum Beispiel der von uns um Unterstützung angerufene Erzengel Michael in blau zeigen, wenn er um unsere Verfassung weiß, und unserer Aura oder unserem Energiefeld gerade orange Farbstrahlen weiterhelfen würden?

Die Liebe und Fürsorge der Engelwelt sind nun einmal grenzenlos und laden uns zum eigenen Erleben ein.

Genauso verhält es sich auch mit der Zuordnung von Eigenschaften und Zuständigkeitsgebieten der Erzengel! Egal welchen Engel Sie um Unterstützung bitten, Sie werden immer die richtige Hilfestellung erhalten. Wenn Sie in einer Notlage den Engel der Heilung, Erzengel Raphael, zum Beispiel mit dem Engel der Herzen, Erzengel Chamuel, verwechseln, wird auch dieser Ihre Anrufung genauso lichtvoll an die Schöpferquelle weiterleiten wie Erzengel Raphael. Erzengel sind schließlich keine Sachbearbeiter bei irgendeiner Behörde, die sich strikt an ihre Weisungen halten müssen!

Folgen Sie einfach den Weisheitsimpulsen Ihrer Seele und Sie halten den Schlüssel zur Engelwelt in Ihren Händen!

Nachfolgend möchte ich Ihnen eine kurze Übersicht mit auf den Engelweg geben, die Ihnen die Entscheidung für einen der Erzengel erleichtern könnte. Wenn Sie eine umfangreichere Beschreibung der einzelnen Engel bevorzugen, möchte ich Ihnen mein Buch „Die Engelwelt ist nicht verschlossen" empfehlen.

Erzengel Michael

Er gilt als Kämpfer für Gottes Gerechtigkeit und die Wahrhaftigkeit. Sein Name bedeutet sinngemäß „Wer ist wie Gott"?

Sein Energiefeld zeigt sich im blauen Lichtstrahl und gewährt Schutz vor Gefahren, Verfolgung oder gar vor Dunkelmächten. Er ist der Erzengel, der uns zur Seite steht, wenn wir Verstrickungen lösen und karmische Belastungen aufdecken wollen.

Erzengel Michael ist ebenfalls ein idealer Reisebegleiter, den Sie vor Antritt einer Reise um Schutz anrufen sollten.

Auch die energetische Reinigung Ihrer Wohnräume und deren Schutz vor ungebetenen Besuchern sind bei Erzengel Michael bestens aufgehoben.

Sollten Sie sich jemals in einer hilflosen Situation befinden, in der Sie sich mit haltlosen Vorwürfen und Anschuldigungen auseinandersetzen müssen, wenden Sie sich an Erzengel Michael.

Er wird Ihnen zur Seite stehen und die Wahrheit ans Licht bringen.

Erzengel Michael ist auch Mittler zwischen den Welten, der die Seelen Sterbender auf ihrer Reise ins Licht begleitet und die Ablösung vom irdischen Leben erleichtert.

Erzengel Raphael

Erzengel Raphael ist der Hüter unserer Lebenskraft und unseres Lebensmutes, sein Name steht für die Aussage „Gott heilt", er ist der von Gott eingesetzte Erzengel, um uns den Heilstrom der Göttlichen Quelle zu übermitteln. Er ist unser Engel der Wahl, wenn wir mit spiritueller Energiearbeit unsere Selbstheilungskräfte aktivieren möchten und danach streben, die auslösenden Faktoren gesundheitlicher Störungen aufzudecken. Erzengel Raphael manifestiert sich über den grünen kosmischen Lichtstrom, der uns mit seinem Energiefeld verbindet, wenn wir um Unterstützung bitten.

Er ist nicht nur der große Heiler unter den Engeln für physische und psychische Verletzungen, sondern auch der Erzengel, der uns hilft, zwischenmenschliche Beziehungen zu heilen. Seine Unterstützung ist Ihnen auch sicher, wenn Sie ihn um Hilfe für das Wohl und die Gesundheit Ihrer Tiere bitten. Auch Natur- und Umweltschutzprojekte sind in seinem Energiefeld gut aufgehoben.

Erzengel Uriel

Erzengel Uriel gehört wie auch die Erzengel Michael, Gabriel und Raphael zu den vier großen Erzengeln des Christentums. Sein Name steht für „das Feuer Gottes", wird aber häufig auch mit „Gott ist mein Licht" übersetzt.

Erzengel Uriel gilt auch als einer der Planeten-Wächterengel, den wir anrufen können, wenn wir uns von Naturgewalten bedroht fühlen. Diese Zuordnung verdankt dieser Himmelsbote wahrscheinlich seiner Erwähnung im Buch Henoch. Hier wird er auch als der mächtige Wächter über Blitz und Donner bezeichnet (Henoch 20.2).

Neben dem etwas weniger bekannten Erzengel Sandalphon wirkt Erzengel Uriel gerne bei allen Projekten, die der Natur- und dem Umweltschutz zugutekommen, mit, sozusagen als der Erzengel Ihres Vertrauens für Geomantie und Feng-Shui.

Zu seinen weiteren Aufgabengebieten zählt auch die Förderung intellektueller Entwicklung und Freiheit. Erzengel

Uriel manifestiert sich über den roten kosmischen Lichtstrom und gilt auch als Förderer beruflicher Projekte und Fortbildungen.

Wenn Sie den Eindruck haben, in Ihrer beruflichen Laufbahn irgendwie festzustecken, bitten Sie einfach Erzengel Uriel um einen erlösenden „Geistesblitz".

Erzengel Gabriel

Erzengel Gabriel ist nicht nur einer der vier großen Erzengel, sondern auch der Verkündigungsengel Mariens. Sein Name bedeutet so viel wie „die Stärke Gottes". Er wird auch als der Engel des Mondes und des Lichtreiches Gottes, das die Finsternis durchdringt, verehrt. Er übermittelt das Licht der Erlösung und gilt als Inspirator der göttlichen Kraft.

Mit der Hilfe seiner himmlischen Heerscharen sorgt er für die zwischenmenschliche Verständigung und Friedensbemühungen. Erzengel Gabriel ist auch der Engel, den Sie als Konfliktmanager bei Familienproblemen hinzuziehen können.

Er ist der Himmelsbote des weißen kosmischen Lichtstrahls, **der dafür sorgt, dass unsere Bemühungen um Liebe,** Glaube und Hoffnung mit der göttlichen Schöpferquelle verbunden werden.

Neben Erzengel Jophiel ist er der Engel, der unsere Schönheit von innen erstrahlen lässt und unsere Augen für die Schönheit des Lebens öffnet.

Verständlicherweise ist er auch der Engel für die weiblichen Aspekte im Spiel der Energien und der Engel der Fruchtbarkeit.

Erzengel Gabriel ist nicht nur ein engagierter Adressat für Kinderwünsche, sondern auch der große Hüter allen ungeborenen Lebens und somit der ideale himmlische Hüter aller Schwangeren.

In der kosmischen Hierarchie des Neuen Zeitalters steht er an der Seite Mariens, die als Himmelsfürstin oder auch als Königin der Engel verehrt wird.

Mit Hilfe meiner eigenen Wahrnehmungsmöglichkeiten erschließt er sich neben Erzengel Raphael als einer der großen kosmischen energetischen Heiler, die unsere Heilgebete auf dem Weg zur göttlichen Quelle stärken und schützen.

Erzengel Jophiel

Erzengel Jophiel gilt nicht nur als Engel der Schönheit, sein Name bedeutet auch „die Schönheit Gottes". Andere Quellen künden von der „Weisheit Gottes".

Er ist auch ein Engel der Neuen Zeit, der sich über den gelben kosmischen Heilstrahl manifestiert und neue, liberale, soziale Belange stärkt und fördert. Wie alle Erzengel ist er ein Hüter des Wissens, der uns über sein morphisches Energiefeld den Zugang zur Akasha-Chronik erleichtert.

Besonders hilfreich ist sein energetischer Beistand, wenn wir mit Heilpflanzen arbeiten möchten. Insbesondere bei der Aromatherapie, wenn wir uns mit den hochschwingenden ätherischen Ölen der Pflanzen verbinden, ist seine energetische Unterstützung segensreich.

Erzengel Jophiel ist für mich auch der Erzengel der Wahl, um Räuchermischungen für Wohnräume zu energetisieren.

Auch Krankenzimmer, in denen sich Mutlosigkeit und schmerzliche Erfahrungen manifestiert haben, können durch sein Eingreifen wieder in eine hoffnungsvollere, geborgene Atmosphäre versetzt werden.

Erzengel Chamuel

Erzengel Chamuels Name kann mit „Gott ist mein Ziel" übersetzt werden oder auch als „er, der Gott sieht" interpretiert werden.

Er ist der Engel der Herzen, der sich über den rosafarbenen, kosmischen Lichtstrahl manifestiert. Erzengel Chamuel ist, wie bereits in einem vorangegangenen Kapitel ausführlich beleuchtet, ein Engel der Gefühle.

Seinen Beistand können wir erbitten für alle zwischenmenschlichen Probleme und seelischen Belastungen.

Erzengel Chamuel ist auch der Erzengel, der Trauernden zur Seite steht und Botschaften der Liebe zwischen den

Welten vermittelt. Er ist der himmlische Wächter der unsterblichen, wahren Liebe.

Erzengel Chamuel ist auch ein Engel der Kinder, den Sie nicht nur zu deren physischen Schutz anrufen können. Er ist wie auch Erzengel Gabriel ein Traumwächterengel, den Sie um Beistand für die Träume Ihrer Kinder bitten können.

Erzengel Zadkiel

Erzengel Zadkiels Name steht für das „Wohlwollen Gottes" wie auch für den, „der uns an Gott erinnert". Er manifestiert sich über den lilafarbenen kosmischen Lichtstrahl der Transformation und ist auch der Hüter der violetten Flamme.

Erzengel Zadkiel ist der Engel, der uns unterstützt, um alte, schwere Emotionen und Strukturen abzustreifen und den Weg zu neuen Ufern zu wagen. Er ist auch ein Engel der Vergebung und des Friedens.

Im Bund mit Erzengel Uriel und Erzengel Sandalphon ist er einer der großen energetischen Heiler für historisch belastete, verwundete Orte.

Wann und wo immer Sie den Eindruck haben, ein Haus, ein Grundstück oder eine ganze Region wirken belastet, bitten Sie ihn um Heilung und energetischen Beistand.

Nach meinen Erfahrungen ist er auch ein großer Hüter alter Kunst- und Kulturschätze und somit der ideale himmlische Helfer für den Denkmalschutz.

Ich hoffe, die vorangegangenen Ausführungen über das Wesen und Wirken der einzelnen Erzengel konnte Ihnen den notwendigen Überblick für Ihre eigene, aktuelle Energiearbeit mit Engeln verschaffen. Wie bereits zu Beginn des Buches beleuchtet, stellen uns Engel, Kristalle und Heilsteine eine wunderbare energetische Unterstützung für unsere menschlichen Belange zur Verfügung.

Die nachfolgenden Zuordnungen von Heilsteinen und Kristallen zu den jeweiligen Erzengeln erheben keinen Anspruch auf Alleingültigkeit. Ich möchte lediglich meinen langjährigen Erfahrungsschatz teilen und Sie an dieser Stelle erneut zu eigenen Erfahrungen ermutigen.

Alle Kristalle und Heilsteine können zwischendurch gereinigt oder auch neu aufgeladen werden. Zur Reinigung eignen sich Salz- oder Wasserbäder wie auch eine Schale mit kleinen Kristallsteinchen gefüllt, in die Heilsteine über Nacht eingebettet werden können. Auch Amethystdrusen sind bestens geeignet, um „erschöpfte Steinkollegen" wieder aufzufrischen.

Das Gleiche gilt für große, reine Bergkristalle. Zum Aufladen eignen sich je nach Heilstein und Absicht eine oder mehrere Mondnächte auf der Fensterbank oder Sonnenbäder an der frischen Luft.

Gerade in diesem Bereich wimmelt es nur so von Fachwissen und guten Ratschlägen, daher mein Appell, lassen Sie sich von Ihrer Intuition und Ihren Engeln führen!

Sie selbst sind die Expertin oder der Experte Ihres Lebens und seiner Erfordernisse! Die nachfolgend beschriebenen Steine können Sie entweder als Begleiter bei Ihrer Meditation einsetzen oder als Schmucksteine oder Talisman tragen.

Wohn- und Arbeitsräume profitieren durch die bloße Anwesenheit der von Ihnen eingebrachten Steine, insbesondere dann, wenn Sie den Segen der Engel für Ihre Steine erbitten.

Um Ihre Steine und Kristalle mit dem Segen und dem Beistand der Erzengel aufzuladen, benötigen Sie in erster Linie etwas Zeit und ein ruhiges Plätzchen zum Wohlfühlen. Schalten Sie das Telefon ab, legen Sie, wenn Sie mögen, klassische Musik oder Sphärenklänge auf und zünden Sie eine oder mehrere Kerzen an.

Folgen Sie der Stimme Ihres Herzens und formulieren Sie Ihre Anliegen und Wünsche frei von der Seele weg. Nehmen Sie die Steine während Ihrer Engelanrufung in die Hände oder legen Sie Ihre Heilkristalle für die Dauer der Zeremonie zwischen die Kerzen, alles, was Sie fühlen, ist richtig!

Je öfter Sie sich Zeit für die energetische Arbeit mit Ihren Steinen und Kristallen nehmen, umso besser. Nur so kann sich Ihre Wahrnehmung entfalten und Ihnen zu mehr Vertrauen in Ihre eigenen Fähigkeiten verhelfen.

Die Heilsteine und Kristalle der Erzengel:

Erzengel Michael

Aquamarin, blauer Chalcedon, Lapislazuli und Türkis.

Erzengel Raphael

Peridot, Moosachat, Malachit und Bergkristall.

Erzengel Uriel

Granat, Hämatit, Koralle, Rubin und Turmalin.

Erzengel Gabriel

Citrin, Mondstein, Diamant und Bergkristall.

Erzengel Jophiel

Roter Jaspis, Bernstein, Goldtopas und Tigerauge.

Erzengel Chamuel

Rosenquarz, Kunzit und Achat.

Erzengel Zadkiel

Selenit, Amethyst, Diamant und Sugilith.

Wenn Sie mehr über die Wirkung der einzelnen Heilsteine erfahren möchten, können Sie auf eines der zahlreichen Heilsteinbücher, die auf dem Markt sind, zurückgreifen.

Lassen Sie sich in Ihrer Auswahl auch hier bitte von Ihrer Intuition leiten. Ich wünsche Ihnen den Segen Ihrer Engel und die Unterstützung Ihrer Kristall- und Heilsteingefährten!

11. Aromatherapie, Räuchermischungen, Bachblüten und Engelenergie

Die Vorläufer der heutigen Aromatherapie finden wir sowohl im alten Griechenland wie auch bei den ägyptischen Priestern. Im antiken Griechenland waren es die großen Philosophen und Ärzte, die mit der duftenden Essenz, den Seelen der Pflanzen, experimentierten.

Es wurden geheimnisvolle Salben, Tinkturen und Pflanzenauszüge erstellt und deren Auswirkung auf die physische und psychische Verfassung des Menschen erforscht.

Die ägyptischen Priesterärzte bedienten sich der antiseptischen Wirkung ätherischer Auszüge von Heilkräutern und Pflanzen wirkkräftig in der meisterlichen Kunst der Einbalsamierung und Mumifizierung.

In allen antiken Hochkulturen stoßen wir auf diese duftenden Essenzen der Pflanzen, sei es in Form der ätherischen Auszüge und Öle oder in Räuchermischungen aus getrockneten Pflanzen, Kräutern, Rinden und Harzen.

Denken wir nur an die beeindruckenden Wissensschätze der indigenen Schamanen und ihrem unglaublichen intuitiven Zugang zur Welt der Heilpflanzen.

Im späten Mittelalter experimentierte auch kein geringerer als der berühmte Arzt Paracelsus mit der Wirkung von ätherischen Ölen und Pflanzenauszügen.

Die Wiederentdeckung der modernen Aromatherapie Anfang des 20. Jahrhunderts führt uns jedoch in ein trauriges Kapitel der europäischen Geschichte. Es war der berühmte französische Chemiker René-Maurice Gattefossé (1881-1950), der die Wirkung ätherischer Öle zur Wundheilung verletzter Soldaten zum Einsatz brachte.

Er war es auch, der sich schon damals der psychischen Stärkung der Verwundeten annahm und ihnen die Essenz der Pflanzen auch zur seelischen Aufarbeitung verabreichte.

Der heutige Begriff „Aromatherapie" geht auf sein bedeutendes, gleichnamiges Buch von 1937 zurück.

So wirkkräftig die einzelnen ätherischen Öle in der unterstützenden Begleitung vieler körperlicher und seelischer Beschwerden auch sein mögen, möchte ich den Fokus erneut auf die Kooperation mit der Engelwelt legen.

Die hochschwingenden Seelenessenzen der Pflanzen und die energetischen morphischen Felder der Erzengel bilden eine unglaublich lichtvolle Allianz. Demzufolge möchte ich hier schwerpunktmäßig ansetzen, um die Zuordnung der Duftöle zu den einzelnen Erzengeln vorzunehmen.

Gerade dann, wenn Sie in Ihrer Engelenergiearbeit alles möglichst perfekt auf die Wahrnehmung Ihrer eigenen Engelbotschaften vorbereiten möchten, sollten Sie an die unterstützende Aromatherapie denken.

Die Schwingungen der Aromaöle sind sozusagen eine duftende Einladungskarte an die Engel, die Sie in Ihren

Meditationen und Anrufungen wirkungsvoll unterstützen können.

Zur energetischen Einstimmung Ihrer Meditationen oder der spirituellen Heilarbeit empfiehlt sich die Verwendung einer zu diesem Zweck geeigneten Aromaduftlampe.

Füllen Sie in die dafür vorgesehene Schale eine ausreichende Menge Wasser ein sowie ca. 6-12 Tropfen des jeweiligen Duftöles.

Bitte achten Sie sehr genau auf die Qualität bzw. Reinheit Ihrer Aromaöle! Billige Duftöl-Imitate verfehlen nicht nur jegliche energetische Wirkung, sie rufen im Ernstfall auch schwere allergische Reaktionen sowie Schädigungen der Atemwege hervor. Bevorzugen Sie hochwertige Öle aus möglichst biologischer Herstellung, die sichersten Einkaufsquellen dürften hier Apotheken sein oder der Bioladen Ihres Vertrauens.

Allergische Reaktionen sind allerdings auch bei hochwertigen Aromaölen nie ganz auszuschließen, testen Sie sich vorsichtig an die Pflanzen heran, deren Verträglichkeit Sie bisher nicht erprobt haben.

Zur Vorsicht sei an dieser Stelle nochmals erwähnt, dass keine der Empfehlungen dieses Buches nur annähernd die Behandlung oder Therapie eines Arztes ersetzen soll. Wir bewegen uns ausschließlich im Bereich der Prävention und der spirituellen, energetischen Unterstützung von Körper, Geist und Seele!

Eine weitere sehr empfehlenswerte Anwendungsmöglichkeit der Aromaöle entfaltet sich in einem entspannenden Aromatherapiebad.

Denken wir nur an die Badekultur der Antike oder an einen orientalischen Hammam. Wer fühlt sich da nicht federleicht den Engeln entgegengetragen?

Für ein duftendes Aroma- und Engelenergiebad benötigen Sie ca. 15-20 Tropfen eines hochwertigen Aromaöles.

Wenn Sie sich in Ihrer Haut so richtig wohl fühlen und den duftenden Himmel der Pflanzenseelen in Ihre Badewanne verlegen möchten, fügen Sie noch ca. 200 ml Sahne oder Buttermilch hinzu.

Tauchen Sie ein in die Welt der Sinne, die uns mit unseren spirituellen Hellsinnen und dem Erleben der Engelwelt verbindet!

Besonders segensreich sind die Blütenbäder für gestresste Kinderseelen, insbesondere bei Erkältungskrankheiten; sammeln Sie Ihre eigenen Erfahrungen und trauen Sie sich ruhig an eigene Duftmischungen heran!

Nachfolgend die Zuordnung der Aromaöle zu den einzelnen Erzengeln.

Erzengel und die Aromaöle

Erzengel Michael
Thymian, Lavendel, Sandelholz und Orange

Erzengel Raphael
Rosenöl, Kamille, Yling Ylang und Bergamotte

Erzengel Uriel
Nelke, Rosmarin, Minze und Geranie

Erzengel Gabriel
Kamille, Jasmin, Lavendel und Rosenöl

Erzengel Jophiel
Sandelholz, Bergamotte, Eisenkraut und Geranium

Erzengel Chamuel
Jasmin, Rosenöl, Neroli und Patchouli

Erzengel Zadkiel
Salbei, Rosmarin, Melisse und Lavendel

Erzengel und Räucherwerke

Die Kunst des Räucherns ist in den alten Hochkulturen genauso verwurzelt wie die Herstellung der ätherischen Pflanzenauszüge.

Eigentlich ist die Verwendung von getrockneten Heilpflanzen als Räucherwerke die Wurzel der modernen Aromatherapie. Seit vielen Jahrhunderten bedient sich die Menschheit der Kunst des Räucherns zur Begleitung kultischer Rituale, zu Heilzwecken oder einfach, um die Kraft des Gebetes zu stärken.

Das Räuchern gilt in vielen schamanischen Traditionen als Garant, eine sichere Verbindung zur Götterwelt aufzubauen.

Vor der Erfindung des Parfums war es sogar üblich, Kleidungsstücke regelrecht zu beräuchern, um Ihnen verheißungsvolle Düfte zu verleihen. Die Verwendung von Weihrauch, um die Kleidung aufzufrischen, finden wir auch heute noch relativ verbreitet in den arabischen Kulturen. In diesen Ländern mit hohen Temperaturen macht dies durchaus Sinn, wenn wir an den antiseptischen Wirkungsaspekt des Weihrauches denken.

In unserer Zeit ist die Auswahl an fertigen Räuchermischungen sehr groß. Nach meinem Empfinden ist es aber wesentlich sinnvoller, die verschiedenen Räucherwerke einzeln, individuell zusammenzustellen.

Zudem haben Sie beim Kauf der einzelnen Pflanzen und Harze eine größere Möglichkeit, die Qualität der Räucherstoffe sensorisch wahrzunehmen. Leider landen allzu oft billige, beduftete Ersatzstoffe in fertigen Mischungen.

Gerade das wertvolle Sandelholz in Räucherqualität wird gerne einmal gegen parfumierte Sägespäne billigerer Hölzer ausgetauscht.

Besonders gravierend sind auch die Qualitätsunterschiede bei den verschiedenen Harzen, insbesondere dem Weihrauch. Wie auch bei den ätherischen Aromaölen kann ich Ihnen hier dringend empfehlen, der höchstmöglichen Qualitätsstufe den Vorrang einzuräumen.

Abgesehen von möglichen gesundheitlichen Belastungen müssen Sie davon ausgehen, nicht die gewünschten energetischen Reinigungseffekte zu erzielen, vor allem bei den sogenannten atmosphärischen Räucherungen. Diese spezielle Form des Räucherns findet insbesondere bei Räucherungen zugunsten der energetischen Raumatmosphäre bzw. bei spirituellen Reinigungen ihre Anwendung.

Eine heutzutage ebenfalls beliebte Anwendungsmöglichkeit schenken uns die Räucherwerke in der Unterstützung unserer Meditation.

Das heißt, wir können einzelne Pflanzen und deren Wirkungsaspekte einsetzen, um unsere angestrebten Meditationsziele unterstützend zu begleiten.

Wenn Sie zum Beispiel schnell ermüden oder gar schon zu Beginn einer Meditation einschlafen, macht es Sinn, den Raum vorher mit belebenden Pflanzen wie zum Beispiel Rosmarin oder Kiefernnadeln energetisch zu informieren.

Sollten Sie eher zu den unruhigen, nervösen Zeitgenossen gehören, die schwer im Hier und Jetzt verweilen können, empfiehlt sich eine Lavendel- Rosen-Räuchermischung vor der Meditation.

Wie auch bei der Zuordnung der vorangegangenen Aromaöle möchte ich mich in diesem Buch auf die Empfehlung einzelner Engel-Duftmischungen beschränken. Das heißt, die von mir ausgesuchten einzelnen Substanzen können auch jeweils als Erzengelmischung des jeweiligen zugeordneten Erzengels verstanden bzw. gemischt werden.

Ziel dieser Bemühungen ist es, wie auch bei der Verwendung von Aromaölen, das morphische Energiefeld eines Erzengels leichter zu erspüren, weil im Sinne der Resonanz ein hochschwingendes, energetisches Feld bereits einladend im Raum aufgebaut wurde.

Zudem öffnen die Essenzen der Pflanzen unsere Sinne für intensive emotionale Wahrnehmungen und aktivieren die Selbstheilungskräfte.

Erzengel Michael

Weihrauch, Mastix, Sandelholz und Salbei

Erzengel Raphael

Weihrauch, Rosenblätter, Melisse, Lavendel und Kamille

Erzengel Uriel

Weihrauch, Benzoe, Nelke, Wacholder und Sandelholz

Erzengel Gabriel

Weihrauch, Jasmin, Gänseblümchen, Kamille, Rosen und Mastix

Erzengel Jophiel

Orangenblüten, Jasmin, Styrax und Copal

Erzengel Chamuel

Styrax, Benzoe, Rosen, Lavendel, Apfelblüten und Vanille

Erzengel Zadkiel

Sandelholz, Kiefernnadeln, Zimt, Wacholder, Salbei und Eichenrinde

Die Räucherwerke, die dem Energiefeld von Erzengel Michael entsprechen, können Sie auch zur Reinigung Ihrer Heilsteine und Kristalle einsetzen.

Bereits wenige, kreisförmige Bewegungen mit dem Stein im aufsteigenden Rauch können negative Anhaftungen abbauen und dem Stein zu seiner ursprünglichen Strahlkraft zurückverhelfen. Weitere Einsatzmöglichkeiten für die traditionelle Kunst des Räucherns werden wir im nächsten Kapitel beleuchten.

Bachblüten und die morphischen Felder der Erzengel

Die heute wohl bekannteste Anwendungsform der Blütenessenzen dürfte die Bachblüten-Therapie sein.

Die Bachblüten-Therapie darf als Selbsterfahrungstherapie verstanden werden, die auf ihren Entdecker, den englischen Arzt Dr. Edward Bach (1886-1936), zurückgeht.

Dr. Bach erkannte bereits zu Beginn des vorherigen Jahrhunderts die Auswirkungen von seelischen Störungen bzw. von Gemütszuständen, die negative Reaktionen der körperlichen Vitalität auslösen. Demzufolge erstellte er eine Übersicht über 38 grundlegende „disharmonische Seelenzustände". Diese emotionalen Schieflagen haben sich bis heute in unserem kollektiven Menschsein eingegraben und warten auf heilende Erlösung.

Das Aufdecken emotionaler Belastungsstörungen kann idealerweise in einem Bachblüten-Gespräch mit einem erfahrenen Bachblüten-Therapeuten oder -Therapeutin erfolgen.

Die Studien von Dr. Bach sind jedoch so ausgelegt, dass sie als Hilfe zur Selbsthilfe eingesetzt werden können. Durch das aufmerksame Studium der 38 Blütenauszüge können Interessierte ihre eigene Gemütslage erkennen und sich für die entsprechenden Blütenessenzen entscheiden.

Die Original-Bachblüten sind äußerst sorgfältig gewonnene Blütenauszüge, deren hohe Schwingung ähnlich auf Körper, Geist und Seele einwirken können wie vergleichsweise homöopathische Mittel.

Doch auch hier handelt es sich nicht um eine Therapie, die als Ersatz für medizinisch-therapeutische Hilfe verstanden werden sollte! Insbesondere die populäre Notfalltropfen-Mischung darf nicht fälschlicherweise zum Wundermittel erhoben werden.

Diese auf den Gründervater Bach zurückgehende Mischung, auch als Rescue-Remedy bekannt, verhilft uns lediglich, blockierende, schockähnliche Erlebnisse schneller abzustreifen.

Diese Mischung kann auch bei Prüfungsängsten oder vor wichtigen Gesprächen und Verhandlungen erfolgreich zum Einsatz kommen.

Auch die kleinen Alltagsunfälle im Haushalt wie minimale Schnittwunden oder Verbrennungen entsprechen dem Einsatzgebiet dieser Mischung. In Haushalten mit Kleinkindern ist es empfehlenswert, die Notfallmischung als Globuli vorrätig zu haben.

Diese Globuli sind auf Milchzuckerbasis aufgeschwungen und somit garantiert alkoholfrei. Der Einsatz der Notfall-Globuli erleichtert das kindliche Schmerzdrama eines aufgeschlagenen Knies oder ähnlicher kleiner Verletzungen. Der Schock- bzw. Schreckzustand kann von der kleinen Seele so schneller überwunden werden.

Die professionelle medizinische Wundversorgung steht natürlich auch hier im Vordergrund.

Auch beim Auftreten von Angst- bzw. Albträumen darf diese Mischung sowohl bei Kindern wie auch bei Erwachsenen zum hilfreichen Einsatz kommen.

So segensreich die Bachblüten-Therapie dank ihrer 38 Blütenauszüge auch sein möge, möchte ich den Fokus erneut auf das Zusammenspiel mit der Engelwelt lenken. Wie bereits ausführlich beleuchtet, können die Seelenessenzen der Pflanzen und Blüten hochschwingende energetische Felder kreieren.

Insbesondere die Bachblütenessenzen sind in der Lage, Wohnräume energetisch zu informieren und so ein ähnlich gelagertes, anziehendes Energiefeld aufzubauen wie unsere Erzengel.

Diese Bachblüten-Unterstützung bei der gezielten Anrufung einzelner Erzengel wirkt wie eine hochschwingende, mit Liebe ausgestellte Einladungskarte.

Die Erzengel können sich mit ihren hochschwingenden morphischen Feldern natürlich auch ohne jegliche Blütenessenzen als Unterstützung jederzeit und überall manifestieren.

Diese hilfreiche Unterstützung wird uns eher zuteil, indem es uns leichter fällt, uns auf dieses hohe Schwingungsniveau der Engelwelt einzustellen.

Wenn wir unsere menschliche Schwingung dank der Bachblüten-Information erhöhen, benötigen wir weniger Kraft, uns dem eigentlichen Bestreben, dem Erlangen eines Engelkontaktes, zu öffnen.

Es sind nicht die Erzengel, die in ihrem Erscheinen blockiert werden durch Glaubensmuster oder Selbsteinschränkungen, sondern wir, die menschlichen Lichtwesen.

Ein weiterer Vorteil in der Anwendung von Bachblüten als Erzengel-Begleiter liegt in ihrer befreienden und zugleich erdenden Wirkung. Denn bei aller Freude am und im Erleben himmlischer Dialoge, die Erdung, unsere Bodenhaftung, ist und bleibt höchstes, vorrangiges spirituelles Gut.

Nach diesen Ausführungen ist es sicher leicht nachvollziehbar, dass die von mir getroffene Auswahl der Bachblüten ausschließlich als engelinspiriert verstanden werden sollte.

Die Wirkungsbereiche der klassischen Bachblüten-Zuordnung sind dadurch zwar nicht gänzlich außer Kraft gesetzt, aber sie treten in ihrer Bedeutung in den Hintergrund.

Wenn Sie über die Erzengel-Inspiration hinaus die Bachblüten in Ihr Leben einladen möchten, finden Sie auch hier ausreichende, profunde Fachliteratur im Buchhandel.

Nachfolgend möchte ich Ihnen meine persönlichen Bachblüten und Engel-Erfahrungen zur Verfügung stellen!

Diese Zusammenstellung erhebt natürlich keinerlei Anspruch auf Alleingültigkeit und darf als ein weiteres Angebot für Ihren Engel-Erlebnisweg verstanden werden.

In der klassischen Bachblüten-Therapie werden die jeweiligen Essenzen in der sogenannten Wasserglasmethode angewendet. Die traditionelle Dosierung aus der Stock-Bottle, der original Konzentrationsflasche, beträgt 2 Tropfen auf 1 Glas Wasser.

Wenn Sie mit der Verdünnung arbeiten, das heißt, 3 Tropfen aus der Originalflasche auf ein 30 ml Fläschchen mit 75% Wasser gefüllt, den Rest mit Cognac oder Brandy aufgefüllt, dann nehmen Sie 4 Tropfen pro Glas bis zu 4-mal täglich.

Wenn Sie zwar auf den Alkohol, nicht aber auf die konservierende Substanz in Ihrer selbstangesetzten Verdünnungsflasche verzichten möchten, verwenden Sie ersatzweise einfach einen hochwertigen Obstessig.

Für die von mir zusammengestellten Engel-Bachblüten empfiehlt sich jedoch eine andere Anwendungsform:

Stellen Sie eine Glasschale oder einen geeigneten Glasteller mit etwas Wasser befüllt in den Raum, in dem Sie Ihre Engelenergie-Arbeit vornehmen möchten, und fügen Sie je nach Intuition 6-8 Tropfen der jeweiligen Essenz hinzu.

Diese im Raum aufgestellte Mischung reicht völlig aus, um die nötige Schwingungsinformation zu lancieren.

Eine zusätzliche erweiterte Anwendungsmöglichkeit zur Einstimmung auf Ihre Energiearbeit ist das Verreiben von 2-3 Tropfen Essenz auf der Haut, vorzugsweise über dem Herzchakra oder dem Solarplexus. Folgen Sie Ihrer Intuition, treten Sie ein in das hochschwingende Reich der Bachblüten und Erzengel!

Erzengel Michael

Crab Apple, Olive, Larch und Pine

Erzengel Raphael

Rescue-Remedy-Mischung bestehend aus: Star of Bethlehem, Rock Rose, Impatiens, Cherry Plum und Clematis

Erzengel Uriel

Rock Rose, Impatiens, Rock Water und Walnut

Erzengel Gabriel

Sweet Chestnut, Mimulus, Honeysuckle und Olive

Erzengel Jophiel

Crab Apple und Rescue-Mischung

Erzengel Chamuel

Mustard, Star of Bethlehem, Holly und Wild Rose

Erzengel Zadkiel

Rock Water, Cherry Plum, Honeysuckle, Hornbeam und Elm

12. Heilende Räume kreieren; energetische Hausentstörung mit Engeln, Blütenessenzen und Kristallen

Die Räume, in denen wir leben, beeinflussen unsere Gesundheit und unser allgemeines Wohlbefinden wesentlich stärker, als es uns in der Hektik des alltäglichen Lebens bewusst wird.

Der ungehinderte Fluss positiver Lebensenergie, in der chinesischen Wissenschaft des Feng-Shui als Chi bekannt, entscheidet maßgeblich über das Wohlergehen der Bewohner, egal, ob es sich um ein kleines Apartment oder ein großes Luxusloft handelt. Neben dem förderlichen Einfluss des positiven Chi findet im Feng-Shui auch das schneidende, ungezügelte, destruktive „Sha" Beachtung.

Es gilt, die Balance zwischen dem positiven Chi und dem destruktiven Sha zu erreichen. Zudem wird deutlich zwischen dem Chi des Himmels und dem der Erde unterschieden.

Die chinesische Lehre von Wind und Wasser, so die allgemein übliche Übersetzung von Feng-Shui, berücksichtigt nicht nur die Ausrichtung der Wohnräume nach den vier Himmelsrichtungen, sondern darüber hinaus die Einflüsse der Umgebung.

Diese jahrtausendalte Wissenschaft vom gesunden und glücklichen Leben verfügt über einen so profunden Schatz an Wissen und Weisheit, dass es unverzeihlich wäre, ignorant darüber hinwegzusehen. Doch manche Vorgehensweisen, wie zum Beispiel das Abtragen oder gar Wegsprengen einzelner Bergformationen, wie im alten China üblich, um sie der Lehre entsprechend zu harmonisieren, gehen mir dennoch entschieden zu weit.

Zudem ist es in unserer Wohnkultur nicht immer möglich, allen Regeln gerecht zu werden, wie zum Beispiel bei der Platzierung des Küchenherdes. Dieser sollte der Lehre entsprechend in der Mitte des Raumes platziert sein und die Person, die am Herd steht, sollte weder mit dem Gesicht zur Wand schauen noch eine Zimmertür im Rücken haben. Ja, da wird es in einer kleinen modernen City-Wohnung schnell mühsam, alle Prinzipien 1:1 umzusetzen.

Daher möchte ich Sie anregen, ein entspanntes Verhältnis gegenüber dieser Lehre zu entwickeln und einzelne sinnvolle Wissensschätze in Ihre Lebensräume zu übertragen.

Die ideale Lösung liegt nach meinem Empfinden in einem moderaten Engel-Feng-Shui unter Einbeziehung von Räucherkunst, Blütenessenzen und Heilsteinen.

Letztendlich sollten wir auch die Wurzeln unserer eigenen regionalen, europäischen Wohnkultur achten und pflegen.

Gerade in altehrwürdigen historischen Anwesen fällt es uns leicht, den „Genius loci", den Geist eines Ortes bzw. Hauses, zu fühlen, den es nach meinem Empfinden sensibel zu achten gilt, über alle denkbaren Gestaltungsregeln hinweg.

Eine klassische Feng-Shui-Beratung für Ihr Zuhause möchte ich Ihnen dann empfehlen, wenn grundlegende energetische Probleme mit Ihrem Zuhause dies sinnvoll erscheinen lassen, das heißt für den Fall, dass Ihr Domizil ein grundlegendes Lageproblem wie zum Beispiel in unmittelbarer Friedhofsnähe oder an einem fließenden Gewässer aufweist.

Natürlich ist auch dieser dadurch verursachte, verstärkt anzutreffende, destruktive Fluss des Sha kein Weltuntergang, aber es sollte im Interesse der Bewohner eine professionelle, dauerhafte energetische Lösung mit Hilfe des Feng-Shui gefunden werden.

Zu den möglichen Auswirkungen einer unmittelbaren Wohnlage an einem Bach oder Fluss gehören häufig auftretende finanzielle Probleme der Anwohner. Das Geld fließt dann genauso schnell wieder vom Konto wie es eingenommen wurde.

Besonders schwierig sind Grundstücke, die zugeschütteten Gewässern abgetrotzt wurden. Dies gilt auch für Landstücke, die durch Fluss- oder Bachlaufverlagerungen gewonnen wurden. Dann gesellt sich zum Wegfließen des Geldes auch noch eine Einkommensblockade!

Sollten Sie sich jemals in einer Lebenssituation beruflicher oder geschäftlicher Erfolgslosigkeit befinden, überprüfen

Sie unmittelbar Ihre Wohn- und Geschäftsräume. Diese Bemühungen sind effektiver und wesentlich sinnvoller, als sich selbst und die eigenen Fähigkeiten in Frage zu stellen.

Ähnlich gravierende Auswirkungen auf Erfolg und Wohlstand haben Anwesen, um die heftig gestritten wurde, insbesondere bei Erbstreitigkeiten.

Diese negativen Energien brennen sich förmlich ein und schreien nach Heilung und Erlösung. Ähnlich verhält es sich mit Wohngebieten, die auf historisch belastetem Boden errichtet wurden, sei es durch Kriege, Enteignungen oder gar ehemalige Friedhöfe und Richt- oder Galgenplätze, die ihre energetischen Spuren hinterließen.

Nein, ich möchte Sie nicht erschrecken, sondern lediglich für Ihre Umgebung sensibilisieren und Ihre heilende Aktionsbereitschaft mobilisieren.

Jeder von uns kennt in seiner Region mystisch-schaurige, verwunschen und trauernd wirkende Grundstücke oder Anwesen, schreiten Sie zur Tat und segnen Sie diese mit einem Engelgebet!

Kehren wir zurück zur Engelwelt und lassen wir uns von deren energetischen Heilangeboten beflügeln. Wie bereits angedeutet, sind Engel-Anrufungen und engelunterstützte Gebete ein unglaublich machtvolles Instrument, um energetische Heilungen anzustoßen!

Im Gegensatz zu Feng-Shui-Lösungen, die langfristig auf die optimale Innenraumgestaltung ausgerichtet sind, sollte die Energiearbeit mit Engeln, wenn möglich, zur täglichen Selbstverständlichkeit werden.

Selbst wenn unsere Wohn- oder Geschäftsräume optimal nach allen Regeln des Feng-Shui ausgerichtet sind, bleibt im Sinne optimaler Wohnatmosphäre noch immer Handlungsbedarf.

Wie wir wissen, ist alles letztendlich Energie, unser gesamtes menschliches Sein, unsere Gedanken, Emotionen, aber auch die Gespräche, die wir führen.

Da Energie aber nicht verloren geht, ist die logische Konsequenz eine starke, mitunter verdichtete Energieansammlung in den uns umgebenden Räumen. Die von uns in Wohnräume eingebrachten Gedanken und Gefühle sammeln sich genauso energetisch an wie ausgesprochene Worte.

Wenn wir dann die Anzahl der Familienmitglieder oder Bewohner einer Wohnung hochrechnen, unter Berücksichtigung aller Besucher, die im Laufe der Zeit ein und ausgehen, dann staut sich da energetisch doch sehr viel auf.

Wir alle kennen Situationen, in denen wir einen Raum betreten haben, in dem umgangssprachlich formuliert „dicke Luft" herrschte, weil ein Streit oder Konflikt noch förmlich in der Luft lag, obwohl die Diskussion durch unser Dazustoßen verebbte.

Eine energetische Sofortmaßnahme ist dann logischerweise das Öffnen eines Fensters oder einer Terrassentür, um die aufgestauten Wogen auszuleiten. Doch damit alleine ist es leider nicht bewältigt. Wenn wir darüber hinaus berücksichtigen, dass in diesem Haus oder der Wohnung bereits vor uns andere Bewohner oder gar Generationen gelebt haben, wird es energetisch wirklich eng im Raum.

Neue, frische unbefangene Gedanken und Ideen haben es schwer, sich gegen alte, schwere verdichtete Energiewolken in den Räumen durchzusetzen. Viele von uns kennen auch nahestehende Personen, die ihr Verhalten inklusive ihrer Wortwahl scheinbar sprunghaft verändern, wenn sie in ihr Elternhaus oder an andere Schauplätze ihrer eigenen Vergangenheit zurückkehren.

Dort wirken die alten Energiefelder häufig wie ein Sprung zurück in die Vergangenheit. Oft versuchen mir Klienten diese Phänomene zu erklären, die sie verunsichern, weil sie es sich selbst nicht erklären können, wie sie plötzlich in die alten Gefühle fast kindlicher Hilflosigkeit zurückfallen.

Natürlich ist dies zugegebenermaßen ein negatives Beispiel, aber unsere Vergangenheit ist eben nicht immer nur positiv. Zudem können wir jetzt nicht überall, wo es sinnvoll wäre, mit unserem Räuchergefäß auftauchen, aber in den eigenen Räumen können wir für frischen Wind und Leichtigkeit sorgen!

Wenigstens ein bis zweimal pro Woche sollten wir atmosphärische Verdichtungen und Anhaftungen durch energetische

Intervention vertreiben. Diese Form der Reinigung ist genauso wichtig wie das regelmäßige Putzen!

Ähnlich wie beim Feng-Shui macht es auch in der Energiearbeit mit Engeln Sinn, die vier Himmelsrichtungen zu beachten, das heißt, möglicherweise von außen in den Wohnbereich eindringende Störeinflüsse rechtzeitig aufzuhalten oder zu transformieren.

Aus diesem Grund möchte ich Ihnen empfehlen, vor jeder Raumreinigung mit Räucherwerken, Kristallen oder Essenzen grundsätzlich den Engelschutz für Ihre Räume erneut aufzubauen. Das heißt, den Schutz der vier großen Erzengel für die vier Himmelsrichtungen zu erbitten.

Bitten Sie Erzengel Michael, den Wächterengel des Ostens, um den Schutz der östlichen Hausgrenze und Erzengel Gabriel, Wächter des Nordens, Erzengel Uriel, Wächterengel des Südens und Erzengel Raphael, den Wächter des Westens, um den Schutz der jeweiligen Hausgrenzen.

Zu Beginn Ihrer energetischen Wohnraum-Reinigung sollten Sie sich alle benötigten Utensilien zum Räuchern zurechtlegen und für eine Räuchermischung Ihrer Wahl entscheiden.

Meiner langjährigen Erfahrung nach ist es empfehlenswert, vor dem Räuchern die Räume mit Klängen zu reinigen, das heißt mit einer Klangschale oder mit tibetischen Zimbeln die Räume zu begehen. Anschießend empfehle ich, eigens für Reinigungszwecke eingesetzte Heilkristalle in der

Mitte des Raumes zu platzieren und eine oder mehrere Kerzen anzuzünden. Empfehlenswerte Kristalle für dieses Vorhaben sind Bergkristall, Amethyst und Rosenquarz, auch ein schwarzer Turmalin ist sehr hilfreich. Nach der energetischen Reinigungszeremonie sollten Sie die eingesetzten Steine unter fließendes Wasser halten und ihnen einige Stunden an der frischen Luft gönnen.

Zurück zu unserem atmosphärischen Raumreinigungsritual; Schritt 1, die Klangreinigung, und Schritt 2, das Einsetzen von Kristallen, sind ja bereits erfolgt. Für die nun folgende Räucherung möchte ich Ihrer Intuition nicht vorgreifen, lassen Sie sich vom Engel Ihrer Wahl und den dazu empfohlenen Räucherwerken inspirieren.

Nach dem Räuchern, das bei geschlossenen Fenstern und Türen erfolgen sollte, warten Sie bitte ca. 10 bis 15 Minuten mit dem Lüften. Die eingebrachten Räucherwerke benötigen diese Zeit, um ihre Wirkung zu entfalten. Während des Räucherns ist es ergänzend sinnvoll, eine meditative innere Haltung einzunehmen, idealerweise das Räuchern mit Gebeten zu begleiten. Neben Engelanrufungen eignet sich die mehrfache Wiederholung des „Vaterunsers".

Das Beten des „Vaterunsers" ist so wirkkräftig, dass, wenn es schnell gehen muss und keine Zeit zum Räuchern ist, dieses Gebet für sich alleine schon unglaublich machtvoll und reinigend wirkt.

Zum Abschluss Ihrer Räucherzeremonie sollten Sie sich bei Ihren Engeln für die energetische Begleitung bedanken und für die vier Himmelsrichtungen erneut um den Schutz der Wächterengel, die Erzengel Michael, Raphael, Gabriel und Uriel bitten.

Für eine dauerhafte, hohe positive Schwingung in Ihren Räumen können Sie nach der erfolgten Reinigung noch eine dekorative Wasserschale oder einen Krug mit einer Wasser-Bachblütenmischung aufstellen.

Wenn Sie Räume energetisch reinigen möchten, in denen sich dramatische Ereignisse wie Verbrechen oder gar Tötungsdelikte abgespielt haben, müssen Sie besonders sorgfältig vorgehen.

Bitten Sie alle Erzengel um energetischen Beistand und beginnen Sie Ihre spirituelle Intervention mit einem Vaterunser für die Seelen der Opfer.

Besonders hilfreich sind für diese schwerwiegenden Reinigungsrituale die Bachblüten, insbesondere die Notfallmischung. Darüber hinaus sollten Sie einen Rosenquarz und einen schwarzen Turmalin für längere Zeit in den betroffenen Räumen liegenlassen.

Nehmen Sie sich für diese schwierigen Fälle ausreichend Zeit, um mit dem möglicherweise noch fühlbaren Seelenfrequenzen der Opfer liebevoll zu kommunizieren.

Erklären Sie ruhig, verständnisvoll und sachlich noch einmal, was geschehen ist, und empfehlen Sie den erdgebundenen Seelenanteilen den Weg in das Göttliche Licht.

Verzichten Sie bei den ersten Räucherungen auf sehr rigoros wirkende, kräftige Räucherwerke wie Rosmarin, Salbei, Wacholder oder Eisenkraut. Setzen Sie auf energetisch harmonisch und liebevoll schwingende Pflanzen wie Lavendel und Rosenblüten in Verbindung mit Weihrauch und Styrax.

Im Abstand von zwei bis drei Tagen können Sie diese Räucherung wiederholen und die Mischung um Sandelholz und Angelikawurzel, auch Engelwurz genannt, ergänzen.

Die gleiche Vorgehensweise empfiehlt sich ebenfalls für Häuser oder Wohnungen, in denen sich ein Selbstmord ereignet hat. Für das Wohl der Seele, die den Weg des Freitodes gewählt hat, können Sie neben den Erzengel-Anrufungen um das heilende Christuslicht bitten und um die Unterstützung von Mutter Maria.

Um diesen belasteten Räumen das Trauma zu nehmen, sollten Sie 21 Tage aktiv beten und für diese Zeit stets frische weiße Rosen aufstellen. Legen Sie zusätzlich einen schönen Amethyst in die Mitte des Raumes, den Sie zuvor liebevoll an Ihr Herzchakra halten und mit der Bitte um Heilung informieren.

Nach Ablauf der 21 Tage vergraben Sie den Stein an einem schönen friedlichen Ort mit der Bitte um die Heimkehr der Seele in das Göttliche Licht.

Wenn Sie Räume nach natürlichen Todesfällen reinigen möchten, genügen sieben Tage liebevolle Zuwendung mit roten Rosen und einem Rosenquarz. Zur Räucherung empfehle ich hier Rosen-Weihrauch mit Styrax.

Für Häuser, die auf historisch belastetem Boden stehen, das heißt ehemalige Kriegsschauplätze, an denen Völkerschlachten stattgefunden haben usw., empfehle ich die gleiche Vorgehensweise wie bei Gewaltverbrechen und Tötungsdelikten.

Wenn Wohnungen oder Häuser durch Naturkatastrophen wie Erdbeben oder Überschwemmungen geschädigt wurden, empfiehlt sich die Anrufung von Erzengel Uriel und die ihm zugeordneten Räucherwerke.

Nach Bränden bitte nicht oder nur eingeschränkt in den neu errichteten Räumen räuchern. Die außer Kontrolle geratene Feuerenergie bleibt auch in einem nachfolgenden Neubau mindestens zwei bis drei Jahre fühlbar.

Aus diesem Grund schlage ich Ihnen hier zur Raumreinigung Bachblüten und das Aufstellen eines Zimmerspringbrunnens vor.

Der Einsatz von Zimmerspringbrunnen ist ohnehin eine optimale zusätzliche Möglichkeit, energetisch positiv informierte Räume zu kreieren.

Bitten Sie Ihre Engel um Führung und Unterstützung, lassen Sie sich von Ihrer Intuition leiten und sammeln Sie

Ihre eigenen Erfahrungen mit der energetischen Harmonisierung von Wohn- und Geschäftsräumen.

Schlussgedanken

Ich hoffe, es ist mir gelungen, Sie zu ermutigen, eigene Engelkontakte zu knüpfen und die entsprechenden Erfahrungen mit spiritueller Energiearbeit zu sammeln.

Mit Engelenergetik zu arbeiten heißt, eine lichtvolle Allianz mit den morphischen Energiefeldern der Engel anzustreben und sie zum Wohlergehen von Mensch, Tier und Natur zum Einsatz zu bringen. Engel und insbesondere die Erzengel dürfen jederzeit um Hilfe und Unterstützung angerufen werden.

Die einzige Regel, die es zu beachten gilt, ist, dass wir ihr Eingreifen immer unter dem Aspekt „zum Wohle aller Beteiligten und im Einklang mit deren göttlichen Lebensplan" erbitten.

Die Engel warten darauf, uns zu unterstützen und uns den Weg zu unseren eigenen Talenten und Fähigkeiten zu weisen.

Viel zu oft vergessen wir im Alltagsstress, wer wir eigentlich sind, funktionieren, rufen die von uns erwarteten Leistungen ab und übersehen schnell unsere wahren kreativen Potenziale.

Nehmen Sie sich Zeit für Atempausen, Zeit für die Botschaften und Bedürfnisse Ihrer Seele – Zeit zum Leben.

Wie bereichernd es für unser Leben sein kann, die Engel einzuladen, haben wir ja hinlänglich beleuchtet. Zum Abschluss dieser kleinen Reise durch die Engelwelt möchte ich Sie auch noch ermutigen, die Engelfürstin Mutter Maria, auch Königin der Erzengel genannt, in Ihre Anrufung einzubeziehen.

Es liegt ganz bei Ihnen, ob Sie sich zu den klassischen christlichen Gebeten hingezogen fühlen oder zu den spirituellen Anrufungen der Neuen Zeit. Maria von Nazareth, die weltweit verehrte Gottesmutter, lässt keinen Ruf nach Hilfe oder Heilung unerhört verhallen.

Sie ist auch eine unermüdliche Fürsprecherin für den Frieden auf unserem Planeten, den wir wohl mehr denn je dringend benötigen.

Natürlich liegen ihr Kinder und deren Wohlergehen besonders am Herzen wie auch die Achtung und Würdigung menschlicher Grundrechte.

Wir sollten nicht müde werden, sie in unseren Gebeten um Frieden, das Ende vom Raubbau an der Natur und der Ausbeutung von Menschen, insbesondere von Kindern zu bitten.

Sie ist und bleibt die größte Fürsprecherin, die wir uns wünschen können, und ist tief mit den Erzengeln, insbesondere Erzengel Gabriel verbunden!

Weltweit berichten viele Menschen von erhörten Gebeten und darüber hinaus sogar von ihren Spontanheilungen.

Die Liste der offiziell anerkannten Marienerscheinungen ist lang und sie erhört unsere Gebete nicht nur an den ihr gewidmeten Wallfahrtsorten.

Das Herz Mariens wartet auf Sie und Ihre Anliegen! Achten Sie während Ihrer Gebete auf Ihre Wahrnehmungen, oft manifestiert sich die Marienenergie in Begleitung von Rosenduft!

Rosen sind die Blüten Mariens und somit auch bestens zu ihrer Verehrung geeignet.

Formulieren Sie frei Ihre Anliegen, Träume und Wünsche, legen Sie Ihre Sorgen Mutter Maria ans Herz und Sie werden spüren, Sie sind nicht alleine!

Nachfolgend noch ein modernes von mir spirituell empfangenes Mariengebet, entscheiden Sie, ob Sie es in Ihre persönliche Engelenergetik aufnehmen möchten!

Mögen die Erzengel Sie behüten und Ihnen den Weg zu den Schätzen Ihres Herzens und Ihrer Seele weisen!

Ihre Sabine Göbel im Sommer 2013

*Heilige Mutter Maria,
Göttin der Herzen, der Liebe, der
Fruchtbarkeit und des Friedens.*

*Segne unseren Lebensweg mit dem
Licht deiner Liebe und Fürsorge!*

*Verbinde uns mit dem Strom der
göttlichen Versorgung,*

*nähre unsere Seelen mit deiner
endlosen Güte und Barmherzigkeit!*

*Wir bitten dich um deine göttliche Fürsprache
zum Schutz unserer physischen
und seelischen Gesundheit!*

*Behüte das Göttliche Licht in unseren Herzen und
stärke die Kraft unseres Glaubens und unsere
Fähigkeit, aus der Liebe der göttlichen
Quelle zu schöpfen und zu leben!*

*Befreie unsere Seele von alten karmischen
Verstrickungen, Gelübden, Eiden und
Schwüren, die uns auf dem Weg zu
unserer spirituellen Entwicklung behindern!*

*Segne und behüte die Menschen, die uns am
Herzen liegen, schütze unsere Existenz und
unser Zuhause mit der Kraft deiner Liebe
und göttlichen Fürsprache beim Herrn!*

Schenke uns zur rechten Zeit die Kraft der Vergebung, zur Versöhnung, stärke unseren Glauben, transformiere unsere Sorgen und Ängste im Licht deiner Liebe und wandle Zweifel in Zuversicht und Hoffnung.

Lass uns, von deiner Liebe getragen, auf unserem Weg stets die nötige Dankbarkeit und Demut im Herzen tragen, um die Kostbarkeit und das Geschenk des Lebens in Würde zu verwalten!

Danke für deinen liebenden Dienst an allen Lebewesen!

Danke für dein heilendes Licht!

Danke im Namen des Vaters, des Sohnes und des Heiligen Geistes!

Amen!

Literaturempfehlungen

Dr. Richard Bartlett: Matrix Energetics, Vak-Verlag, 10. Auflage, 2010

Lorna Byrne: Eine Botschaft der Hoffnung: Die Weisheit der Engel für gute und schwierige Zeiten, Kailash-Verlag, 2012

Julia Cresswell: Das Engel-Kompendium, Ariston Hugendubel, 2007

Dr. Larry Dossely: Heilende Worte - Die Kraft der Gebete als Schlüssel zur Heilung, Crotona, 2010

Sabine Göbel: Die Engelwelt ist nicht verschlossen, Elraanis Verlag, 2011

Sabine Göbel: Die spirituelle Dimension der Heilung, BoD Verlag, 2012

Anselm Grün: Mystik: Den inneren Raum entdecken, Verlag Herder, 2009

Dr. Frank Kinslow: Quantenheilung: Wirkt sofort - und jeder kann es lernen, Vak-Verlag, 2011

Jeanne Ruland: Das große Buch der Engel, Schirner Verlag, 2001

Dr. Rupert Sheldrake: Das schöpferische Universum, Nymphenburger Verlag, 2008

Keith A. Sherwood: Chakra-Therapie, Schirner, 2012

Doreen Virtue: Maria, Königin der Engel, Allegria Verlag, 2012

Richard Webster: Die Engel-Enzyklopädie - Alle Engel von A bis Z, Verlag Aquamarin, 2010

Richard Webster: Die großen Erzengel. Das Wirken der Erzengel im Himmel und auf Erden, Aquamarin, 2010

Lichtfokus - Die Zeitschrift für Lichtarbeit

Über die Autorin

Sabine Göbel, Jahrgang 1967, lebt und arbeitet in Bayern. Seit ihrer Jugend weiß sie um ihre mediale Begabung und folgt ihrer Überzeugung, damit verantwortungsvoll und bewusst umzugehen. Auf ihrem spirituellen Weg erforschte sie bereits in jungen Jahren die großen Weltreligionen. Besonders intensiv ist bis heute die Auseinandersetzung mit den christlichen Wurzeln, insbesondere der christlichen Mystik.

Es folgten zahlreiche Ausbildungen im Bereich des geistigen und energetischen Heilens und Streifzüge durch verschiedene schamanische Traditionen. Um in ihrer eigenen Praxis professionelles Coaching und spirituelle Beratungen auf hohem Niveau anzubieten, erweiterte sie ihr Fundament mit der Ausbildung zur Familien-, Paartherapeutischen- und Psychologischen Beraterin.

Da ihr die präventive Arbeit im Sinne einer zeitgemäßen Work-Life-Balance besonders am Herzen liegt, folgten noch die Ausbildungen zur Lehrerin für Autogenes Training und NLP.

Gerne vermittelt sie ihr umfangreiches Fachwissen auch in ihren Seminaren für die Seele und rund um die Welt der Engel. Ihre eigene spirituelle Heimat hat sie im Dialog mit der Engelwelt gefunden. Inspiriert vom Wirken der heilenden Engelkräfte entstand die eigene energetische Heilmethode „Angel Light and Healing Work®".

Diese Selbstheilungstechnik kann ebenfalls in Ausbildungen bei Sabine Göbel erlernt werden.

Mehr Informationen zu Beratungen, Seminaren und Klangschalen-Kursen usw. erhalten Sie im Internet auf www.sabine-goebel.de oder telefonisch unter 0049/(0)171/187 22 65.